トインビーとの対話

現代への挑戦・希望の道

吉澤五郎

第三文明社　レグルス文庫 271

トインビー博士とヴェロニカ夫人　©Seikyo Shimbun

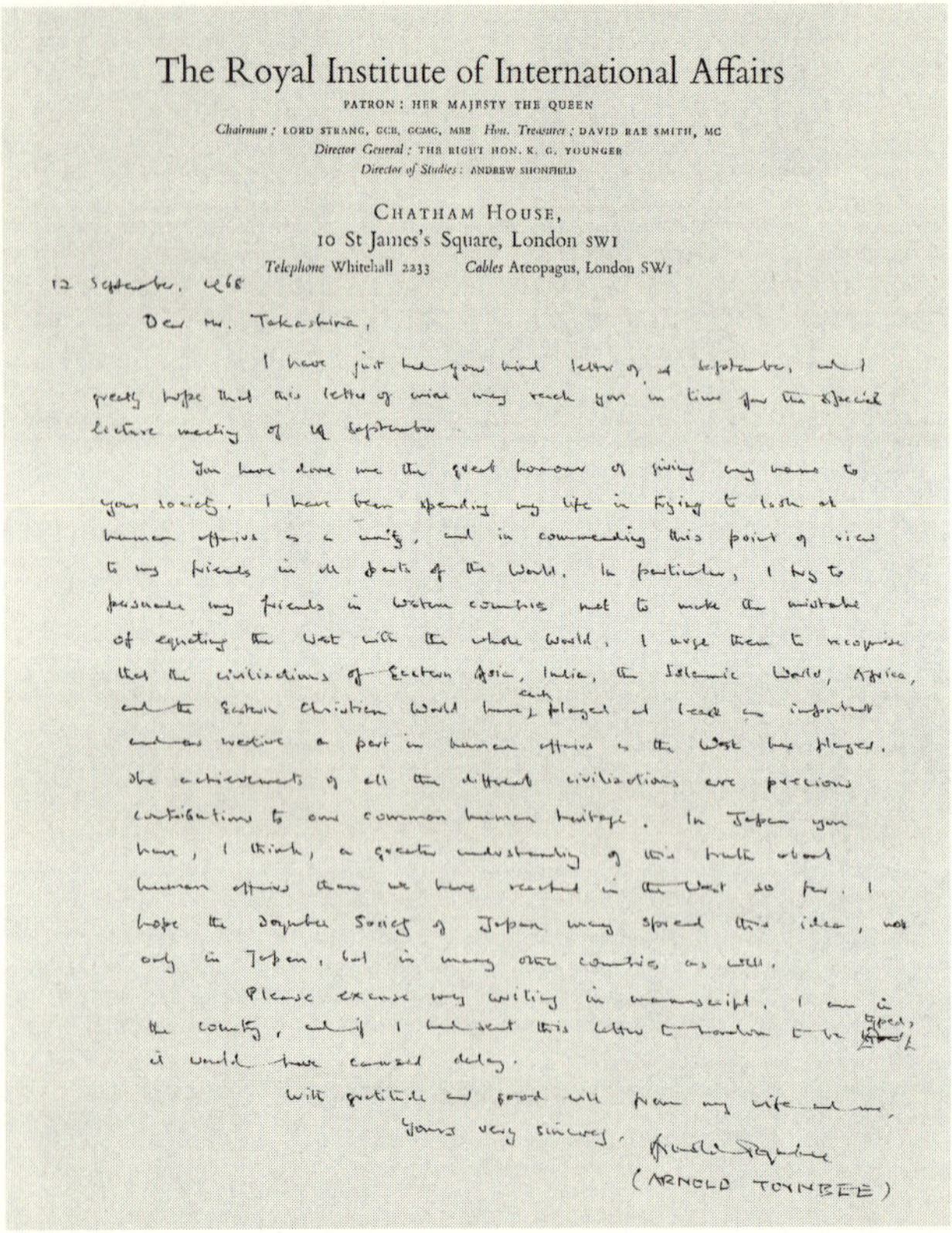

The Royal Institute of International Affairs

PATRON: HER MAJESTY THE QUEEN

Chairman: LORD STRANG, GCB, GCMG, MBE *Hon. Treasurer:* DAVID RAE SMITH, MC
Director General: THE RIGHT HON. K. G. YOUNGER
Director of Studies: ANDREW SHONFIELD

CHATHAM HOUSE,
10 St James's Square, London SW1
Telephone Whitehall 2233 *Cables* Areopagus, London SW1

12 September, 1968

Dear Mr. Takashima,

I have just had your kind letter of 4 September, and I greatly hope that this letter of mine may reach you in time for the special lecture meeting of 19 September.

You have done me the great honour of giving my name to your society. I have been spending my life in trying to look at human affairs as a unity, and in commending this point of view to my friends in all parts of the World. In particular, I try to persuade my friends in Western countries not to make the mistake of equating the West with the whole World. I urge them to recognise that the civilizations of Eastern Asia, India, the Islamic World, Africa, and the Eastern Christian World have each played at least as important and as creative a part in human affairs as the West has played. The achievements of all the different civilizations are precious contributions to our common human heritage. In Japan you have, I think, a greater understanding of this truth about human affairs than we have reached in the West so far. I hope the Toynbee Society of Japan may spread this idea, not only in Japan, but in many other countries as well.

Please excuse my writing in manuscript. I am in the country, and if I had sent this letter to London to be typed, it would have caused delay.

With gratitude and good will from my wife and me,

Yours very sincerely,
Arnold Toynbee
(ARNOLD TOYNBEE)

トインビー自筆の手紙（「トインビー市民の会」宛、1968.9.12）

はじめに

トインビーの肖像――「ここに人間がいる」――

人間はどこへいくのか

新たな二十一世紀の開幕は、同時に「第三の千年紀」を告げる一大転機ともなりました。とくに、人類文明史の根本的な変容として、重大な意味を投げかけています。ちなみに、西欧史上の「千年紀」(ミレニアム)問題は、たんに千年の時代を画する数値というより、むしろ「世界の終わり」にたいする一種の恐れと期待を秘めています。今日、新たな「千年紀」を迎えるなかで、わたしたちはどんな歴史の歩みをたどるのか、新たな世界観や人生観が大きく問われることになります。

かつて、画家のポール・ゴーギャンは、精神的な遺言として、「われわれはどこから来たか、われわれとは何か、われわれはどこへ行くのか」(一八九七～九八年、ボストン美術館蔵）と題した大作をのこしています。その画題は、たんに人間の誕生から不可避の死までをたどる、いわゆる「人生の諸段階」論の主意とは趣を異にします。むしろ広大な画布の底には、森かげの暗い微光にうちしずむ、病める「人間と文明」にたいする根源的な問いが刻まれています。このゴーギャンが、多くの謎とともに提示した世紀末の警鐘《けいしょう》が、いま新たな重みをもって時代の転換を照らしている、ともいえましょう。

未来を語る「時代の記憶」

〈アメリカの「同時多発テロ」〉

ところで、二十一世紀初頭の忘れがたい「時代の記憶」として、世界を震撼《しんかん》させた二つの「日付」が甦《よみがえ》ります。いずれも、人類の未来にかかわる「象徴的な寓話《ぐうわ》」であるかのように、身近に語りかけています。その一つは、アメリカで起こった「同時多発テロ」（二〇〇一・九・一一）の大惨事です。この事件は、とくに大国アメリカにとって初めての本土攻撃であり、直接国家の介在しないテロリストの犯行として、世界の耳目《じもく》を集めました。そのテレビ中継の映像は、あたかも天を突く「バベルの塔」の崩壊かのように、超高層ビルが一瞬にして崩落する様を映し出しました。また、その直後に起こった炭疽菌《たんそきん》テロで逃げまどう多くの人びとの悲惨な姿がありました。アメリカの不動の「安全神話」も、ここですでに過去の幻想となりました。

周知のように、ブッシュ大統領（当時）は、この「新しい戦争」に変貌した「九・一一」を契機に、早速「対テロ戦争」の旗印を鮮明にします。まず、「平和の回復」を名目にタリバン政権への武力攻撃（二〇〇一・一〇・七）に突入し、「アフガニスタン紛争」を引き起しました。さらに、「悪の枢軸《すうじく》」という仮象の下、「イラク戦争」（二〇〇三・三・二〇）に踏みこみます。人類最古の文明発祥地の一つ、メソポタミアを舞台にした「現代の戦争」は、膨大な帰らぬ犠牲者を生み、また貴重な文化遺産を破壊しました。

しかし、まだ「イラク戦争」の大義は証明されず、世界的な「呪《のろ》いの戦火」も止《や》みません。ちなみに、これまでの文明の挫折の多くは、じつは戦争を最大の要因としています。人間が自ら作りだした「戦争という制度」の是非が、明日の命運を決する

「人間責任」として大きく問われています。

〈日本の「東日本大震災・原発事故」〉

他の一つは、他ならぬ日本で起こった「東日本大震災・原発事故」（二〇一一・三・一一）です。その「巨大な複合災害」は、まさに想定外の地震、津波および原発事故という「三重苦」を強いることになりました。

世界的にも名をなす美しい三陸海岸は、一瞬にして巨大地震と大津波の猛威に見舞われました。郷土になれ親しんだ多くの人びとの命と暮らしを、無残にも断ちきりました。また、心身の支えとなった豊かな自然の風景も消え去りました。いま、この天災地変の暗闇の中で、偶然にも「生かされた者」が語り継ぐ「新しい言葉」とは何でしょうか。

さらに、これらの「天災」とともに、一種の「人災」ともいえる福島第一原子力発電所の「深刻な事故」が生じました。第一原発の大事故は、現に大量の放射性物質を放出し、恐るべき悪夢の再来として世界の注視を浴《あ》びました。これまで、国策として高らかに謳《うた》われた原発の「安全神話」は、もろくも潰《つい》えました。不運にも「フクシマ」

は、過去最悪の原発災害とされる「チェルノブイリ事故」（旧ソ連・ウクライナ、一九八六年）の惨禍《さんか》と並び称されます。

日本は、かつて人類最初の原爆投下による被爆国となりました。今回は、自らの手で同じ核分裂を原理とする原発の被曝者となりました。この日本の受難は、とくに「核」に投影される人間的な矛盾と翳《かげ》りを象徴しています。いま、二度にわたる人類的な「負の経験」をつんだ日本が、新たに世界に発信する「人間の問題」とは何でしょうか。

「終わりと始まり」の黙示録

今日、人間の「生きる意志」と文明の道標が大きく問われています。事実、「人間と地球との和解」をはじめ、世界のあり方や人間の生きかた等の問題が、世界を包む「普遍的なメッセージ」として大きく浮上しています。同じ観点で、昨今の「アラブの春」に吹きすさぶ一連の民衆革命にも注目すべきでしょう。

いわば、現代は人類文明史上の根本的な「折り返し点」に立っています。その時代表象は、キリスト教思想にみる「第二の黙示録《もくしろく》」の時代とも、あるいは仏教思想に照らして「第二の末法《まっぽう》思想」の時代ともいえましょう。いずれにしても、人類史の精神的な開眼として、人間の根源的な反省と自己超克を呼びかけています。

ところで、わたしたちの現況はどうでしょうか。人間は、自らの生存の確保と文明の飽《あ》くなき探求により、逆に自滅の道をまねく始末となりました。人間の独りよがりな欲望の帰結は、一部の楽観主義をこえて「人類最後の世紀か？」とも揶揄《やゆ》されます。今後の課題は、これまで人類が営々として築いた多様な業績を、もう一度総体として見直し、新たに人類を結ぶ「地球文明」の視座に立って架橋することです。

いわば、一度「自分を離れ見直す」ことによって、ふたたび望ましい自己の姿と対面できるでしょう。「ポスト・グローバル化」の時代を展望しつつ、人間の驕《おご》りやモノ優先の「成長神話」から解放され、新たな生きがいとなる「幸せの尺度」を再考することです。

このような、「文明の逆説」（パラドックス）ともいえる事態は、現に世界全体を覆《おお》う「深刻な暗雲」に見ることができましょう。まず、一連の「地球環境問題」があります。その問題群の全容は、国境をこえる環境汚染や種の絶滅にとどまりません。核拡散や紛争・戦争および貧困・飢餓・難民問題等にわたります。

さらに、この「病《や》める地球」の症状は、新たな「グローバル危機」の到来として深化します。いわゆる、人間環境の全体的な「破滅のシナリオ」ともいえましょう。その特徴は、たんに身近な「政治・経済」上の危機だけでなく、さらに深く「文明」の危機から「生命」の危機へと遡及《そきゅう》することです。いわば、異なる「三つ巴《どもえ》の危機」が同時に進行するという、まさに前代未聞の悪夢です。ここに、これまでに例をみない危機の本質と重大性があります。

歴史は現代に生きている

これまで、時代の大きな転換と危機的な状況は、つねに歴史意識の覚醒と「偉大な歴史書」を生む苗床となってきました。たとえば、ギリシアの著名な歴史家トゥキュディデスが書いた『ペロポネソス戦史』（八巻〈未完〉）があります。かつてギリシアのアテネは、東方の大国ペルシアに一大勝利をおさめ、海上雄飛の礎を築きました。この書は、その後の全ギリシア世界を揺るがす主導権争いを、冷厳な眼で観察したものです。

トゥキュディデスは、まさにギリシア文明の栄華と存亡をかけた大きな転換期を生きたのです。とくに、自著について、歴史の真実と不変の人間性を読みぬく「永遠の財産」と謳っています。彼の期待に応えた未来の熱心な読者が、他ならぬトインビーであったともいえましょう。

トインビーの記念碑的な著作『歴史の研究』（全十二巻、一九三四〜六一年）は、世に「二十世紀の名著」とも謳われます。その背景には、第一次世界大戦の歴史的な危機と有名な「トゥキュディデス体験」（一九一四年）があります。この思いがけない体験は、古典古代史学の俊英と目されたトインビーが、新たに「現代史」に開眼する運命的な出発点となります。すなわち、戦争による高度な「文明の破局」という観点では、トゥキュディデスの古代「ギリシア・ローマ文明」とトインビーの現代「西欧文明」は、危機の本質において「哲学的な同時代」にある、との鋭い直感です。

このように、トインビー史学の原点には、現代の危機に対する主体的な対決が見られます。また、歴史はたんなる過去のものでなく、同時代の「現代に生きている」という深い洞察があります。ここにおいてトインビーは、大方の歴史家以上の価値を付した「偉大な思想家」という、稀有な評価を得ることになります。

通常、歴史書の価値基準として、著者の生きた時代と著作との必然的な関係がとくに問われます。やはり歴史家の使命として、伝統的な偏見や自己中心性を戒め、いわれのない憎悪を和解に導くような「全人類共通の知的基盤」を築くことが求められます。トインビーの命題を掲げれば、「文明の同一性は、差異性よりも重い」といえましょう。

現代史学の課題として、とりわけ人類文明史を広く見わたす「全体的な視点」と、諸文明の相互交流を深く読みとく「関係性の認識」が不可欠です。できれば、その豊かな歴史的知見から、新たに「未来への決断」を促すような価値定立も期待されましょう。この知的境位に、いわゆる「近代の超克」として、トインビーを先達とする壮大な「比較文明学」の道が開かれることになります。

二十一世紀のゆくえとトインビー

わたしたちは、すでに文字通りの「一つの世界」に住んでいます。同じ「生命ある地球」に生きる人間として、その感性と命運を共有しています。これは、歴史上はじめての経験です。

ところで、これまで国際社会の「最重要な課題」は、おもに国連の「国際年テーマ」として提示されました。とくに、二十一世紀の幕開けは、周知のように「文明間の対話年」（二〇〇一年）でした。また、国連の専門機関である「ユネスコ」（国際連合教育科学文化機関）も、同時に「文化の多様性に関する世界宣言」（二〇〇一年）を公布しました。両者とも、新たな人類の和解と希望への証として、とくに民族、文明、宗教等の壁をこえる「人間共通の価値観」（グローバル・エトス）と、すべての人間の尊厳を説く「多様性の中の共生」を掲げています。

二十一世紀の「希望の知」は、およそ「三つの価値志向」に彩られます。第一は「未来への志向」であり、第二は「他者への志向」であり、第三は人類の英知を結集した「共生への志向」です。トインビーは、いち早くその総体的な理念の構築につとめ、自ら三者をつなぐ「三位一体」の価値体現者であった、といえましょう。

トインビーは、その遺著『人類と母なる大地』（オックスフォード大学出版局、一九七六年）のエピローグとして、明日の世代へのメッセージを書きとめています。それは、「人類は母なる大地を殺すのであろうか。それとも救うのであろうか。もし、かりに母なる大地の子である人間が母を殺すなら、それ以後生き残ることはないであろう」と結ばれます。この深遠な宇宙生命観と未来への警鐘は、世に「二十世紀最大の歴史家」あるいは「現代の良心」とも称されたトインビーの遺言ともなりました。いま新たに、終生「人間と母なる大地」の命運を深く案じ、つねに高き精神と温かな情感を秘めた「人間トインビー」の肖像が甦ります。

わたしたちは、このトインビーの「最後の挑戦」に、はたして応えることができるのでしょうか。ふと、歴史の真実を顧みるとき、世界史の現実はたとえ苦難の道程であったとしても、かならずしも必然的なものではありません。歴史の教訓に学べば、人間の強い意志と努力によって、この新たな「精神革命」の第一歩を踏み出すことは可能です。かつて、「ノーベル平和賞」（一九七九年）を受賞したマザー・テレサが身をもって示したように、わずかな「一粒の麦」としての自分が変わることで世界も変わる、ともいえましょう。

いま、新たな二十一世紀へ船出したわたしたちにとって、こよなく日本を愛したトインビーとの「対話」は、きっと明日の針路を照らす豊かな光源となるでしょう。

トインビーとの対話――現代への挑戦・希望の道　目次

Ⅵ

I　トインビーの生涯――「自分史」の彩り

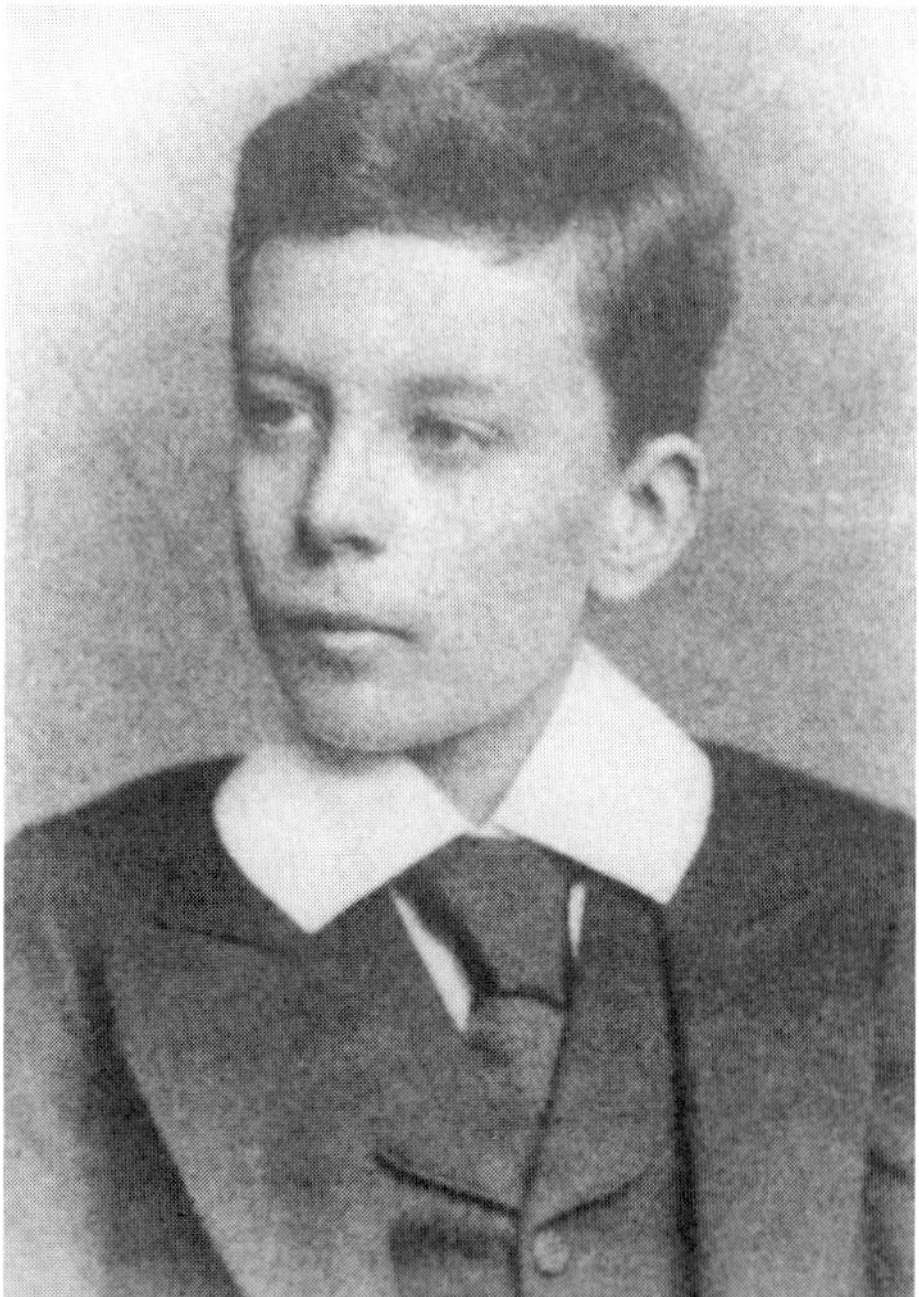

小学生時代のトインビー（『ARNOLD J. TOYNBEE : A Life』より）

「トインビー」——名前の由来

アーノルド・ジョーゼフ・トインビーは、一八八九年四月十四日にロンドンで生まれ、一九七五年十月二十二日に古都ヨーク市で八十六歳の生涯を終えた。まず、その一風変わった名前の由来について検分しよう。まず「トインビー」とは、一般にイギリス東部の地名にかかわる。その原意は、囲われた「庭」の場所を示し、広くは「防備した村」というほどの意味である。また第一名（ファースト・ネーム）の「アーノルド」は、伯父の高名な経済学者アーノルド・トインビーにあやかるものであり、第二名（ミドル・ネーム）の「ジョーゼフ」は、有能な祖父ジョーゼフ・トインビーに因《ちな》んで名づけられた。

まず、この二人の「偉大な先達」をはじめとするトインビーの家系を素描し、その環境に育ったトインビーの生い立ちと思想の歩みをたどってみたい。最初に、トインビーの祖父ジョーゼフ・トインビーは、ロンドンで開業した最初の耳鼻咽喉科医であった。同時に、麻酔法の先駆者として広く知られている。今日の国際学会でも、その旺盛な探究心と先見の明は、耳管の圧力に関する有名な「トインビー現象」として語り草になっている。しかし、当時はまだ初期段階にあった麻酔剤の実験で、自ら一命を落とすことになった。それは、しばしば創意に富んだ先駆者に見られる悲運であり、また時代に先がけた試みの不幸な犠牲者であったともいえよう。

また、彼は社会的良心にとみ、とりわけ公衆衛生の分野における草分け的な存在である。ジョーゼフ・トインビーの短い生涯は、たんなる腕利きの開業医というだけでなく、進取性と厳しい道徳性を秘めたものであった。

他方、伯父にあたるアーノルド・トインビーは、イギリス・オックスフォード大学で経済史を講じた名高い経済学者である。その講義録は、死後に名著の誉れ高い『十八世紀イギリスの産業革命』（一八八四年）として公刊された。申すまでもなく、今日では教科書的な概念となり、世界中のすべての歴史家が用いる「産業革命」という言葉の生みの親でもある。そのため、戦後トインビーの名が日本に知らされたとき、だれしも最初に思いうかべたのは、この伯父のトインビーであった。もっとも、一八八三年に三十歳の若さで急逝している。

他面、伯父トインビーは社会福祉事業の先駆者としても名を馳《は》せていた。彼自身、とくに産業革命がもたらした暗黒面に心を痛めた。一八七三年にオックスフォード大学に入学以来、一方では研究と教育に情熱を傾け、他方では理想的な社会改良にも身を投じた。その簡素にして敬虔《けいけん》な生活態度は、学生時代の友人から「聖アーノルド」と渾名《あだな》されるほどであった。実際に、彼は虚弱な身体を省みず、自らロンドンのイースト・エンドのスラム街に住みこみ、救貧事業に心血をそそいだ。おそらく、その激務と闘争の日々が、アーノルド・トインビーの命を縮める原因になった、ともいえよう。

後年、同所に設立された世界最初の大学セツルメント「トインビー・ホール」は、まさにかれの偉大な業績を記念するものであった。このアーノルド・トインビーが、身をもって培《つちか》った「社会正義と人間愛」の精神は、同名を授かったトインビーの心に生涯刻まれることになる。

トインビー家の人びと

また、トインビーのもう一人の伯父に、この伯父アーノルド・トインビーの弟であるパジェット・トインビーがいる。彼は、イタリアの詩聖・ダンテの研究家として著名である。その手になる『ダンテ事典』（一八九八年）は、当時唯一の英語文献であり、ダンテ研究の虎の巻として重宝であった。日本でも、大正から昭和初期にかけてのダンテ研究者にあたえた影響は大きく、その恩恵を受けなかった学者は皆無に近い。

このパジェット・トインビーとの出会いは、トインビーの学問的な命運を、逆の意味で方向づけるものであった。なぜなら、パジェット・トインビーは、その一生を狭隘《きょうあい》なダンテ研究家として過ごし、世にのこした著作も『ダンテ事典』の一冊のみであった。広大な世界史像を夢見たトインビーにとっては、もはや伯父との精神的な断絶も深まり、ついに訣別せざるをえなかった。

そのほか、幼児のトインビーに「忘れられない影響」をあたえたのは、「ハリーおじさん」の愛称で親しまれる大叔父のヘンリー・トインビーである。祖父ジョーゼフの弟にあたり、長年東インド会社の船長をつとめている。愛妻を亡くした晩年は、トインビー家に同居することになり、それだけトインビーとの交わりも深かった。まだ三歳になったに過ぎないトインビーに、「人間は幸せになるためにこの世に生まれてくるのではない」とただごとでない言辞を発したのも、じつはこのハリー大おじであった。一面、人生と歴史の「裏面の真実」を告げたのかもしれない。その意味で、終生トインビーの心に刻まれることになった。

他方、彼のインドや中国におよぶ世界周航の経験談と、家中を埋めつくした珍しい品々は、トインビーの好奇心を刺激し、未知の世界への憧憬をさそうものであった。すなわち、幼いトインビーの心に、新たな世界史へ羽ばたく大きな夢と希望を授けることになった。

トインビーの両親と妹たち

つぎに、もっとも身近なトインビーの両親についてみよう。父ハリー・ヴァルピー・トインビーは、社会正義と人道主義の信念に燃える熱心な社会事業家であった。すなわち、一八六九年にロンドンに設立された「慈善団体協会」本部の役員として、病に倒れるまで献身的な努力をはらった。その協会は、当時激増した貧民救済をめざす「救貧法」(一八三四年)の精神を継ぐものであり、世に「イギリス中産階級の良心」とも謳われた。事実、多くの貧困者の救援やアルメニア人亡命者の保護活動に身を挺《てい》した。

トインビー史観の根底には、つねに弱者の痛みと苦悩に対する共感がある。歴史上のいわれのない人種的な偏見や階級的な差別への深い反省がある。トインビーの一生は、その不条理な罪業の克服に心血をそそいだともいえよう。その真摯《しんし》な面影《おもかげ》は、かつて厳正な良心と奉仕的精神を信条とした祖父や伯父たちとともに、この父のイメージに預かるところが大きい。

トインビーの父（『EXPERIENCES』より）

他方、母セアラ・イーデス・トインビーは、イングランド中部・バーミンガムの工業資本家の娘である。ケンブリッジ大学でイギリス史を専攻し、大学優等卒業試験を最優秀でパスした才媛でもある。一時、教職についており、イングラ

トインビーの母（『EXPERIENCES』より）

ンドやスコットランド史の教科書を書きのこしている。幼少時のトインビーに、毎夜寝物語に歴史を話し聞かせたエピソードは有名である。トインビーの歴史への関心は、むろん偉大な学者であった伯父たちの血筋にもよろう。しかし、身近な母の知的魅力と影響力も見逃せない。とはいえ、その後の歴史家としての目標はそれぞれ異なるものであった。なぜなら、トインビーの歴史研究は、母のような一国史をこえて世界史への窓をひらくものである。さらに、多彩な歴史現象の背後にひそむ、高次の精神的な意味を探究するものであった。

一方、この歴史家としての母の感化力は、当然トインビーの二人の妹たちにもおよんでいる。上の妹ジョスリン・メアリー・トインビーは、ケンブリッジおよびオックスフォード大学で古典考古学の教授を歴任し、その学殖《がくしょく》と評価は兄トインビーを凌《しの》ぐほどであった。また、下の妹マーガレット・トインビーも、同じく歴史家である。とくに、トインビー家の出身地・リンカンシャーの歴史を緻密に調査することから、その系図をたどり祖先の割り出しに成功している。

これまでみたように、トインビー家は、ヴィクトリア朝末期・イギリスの典型的な知識階級に属し、多くの逸材を輩出した名門である。ところで、その由緒ある家系を一貫して流れる精神的な遺産とは何であろうか。端的に言えば、その一つは創造的な知性の輝く伝統であり、他の一つは社会正義への不滅の情熱である。この二つの貴重な精神は、今日トインビーの思想や歴史観の源泉として受けつがれ、新たに再生されることによって、トインビー史観の大きな魅力を形づくっているといえよう。

回想のトインビー

ところで、晩年のトインビーは、自分の一生をふりかえる「二つの自叙伝」を出版している。すなわち、『交遊録』（一九六七年）と、その続編となる『回想録』（一九六九年）である。いずれも、トインビーの歩んだ生涯と仕事を省みる「生きた証言集」である。まず『交遊録』は、トインビーが人生途上に出会った多彩な「知友の素描」である。とりわけ、大きな影響と深い印象を刻む人びとの思い出が、独自の豊かな人間味をそえて率直に綴られている。

全体の登場人物は、その人選に悩みながらも二十四人にしぼられる。いわゆる、先述の「ハリーおじさん」のような近親者から、さらに二十世紀の主役を演じた「歴史上の人物」がふくまれる。たとえば、「アラビアのローレンス」の異名をとるT・E・ローレンス、「トルコ建国の父」として名高いケマル・アタチュルク、インド独立闘争に身を投じたジャワハルラル・ネルー等である。また、予想外の顔ぶれとして、ナチスの総統A・ヒトラーとの劇的な会見にも

『交遊録』

触れており、津々《しんしん》たる興味をそそう。

一先《ひとま》ず、トインビーが描く人物評伝の一端を垣間《かいま》見よう。まず、「アラビアのローレンス」は、二十世紀のもっとも謎にみちた人物として、まだその「孤独の名声」は論争の渦中にある。トインビーは、その「アラブの友」としての真相を探索しながらも、とくに不慮の死をとげた彼の良心の呵責《かしゃく》と精神的な変貌《へんぼう》に心を寄せ、暗に「砂漠の隠修士《いんしゅうし》」になぞらえて案じている。また、トルコ初代大統領のケマル・アタチュルクについて、その類まれな祖国救済の偉業に一目おきながらも、独裁者としての病根から悲運な運命をたどる「高価な代償」を説いている。さらに、インド初代首相のネルーについて、トインビーと同じイギリス人によって投獄されながらも、彼との三度にわたる対面の印象は寛大にして愛すべき「人間的な偉人」であると称賛している。

なお、窮余の一策として講じられたヒトラーとトインビーとの会見がある。それは、思わぬ運命のいたずらとして、トインビーが「ヒトラーを批判したためにヒトラーに会う」という奇遇でもあった。とりわけ、ヒトラーの長広舌に対する、トインビーの的確な応酬は見事である。

このように、トインビーは、身をもって相手の真実に迫るとともに、何よりも公平に相手の言い分にも耳をかし、とくにその声価や人格を傷つけることがないようにと細心の注意をはらっている。この書は、トインビーの他者を慈《いつく》しむ温かい人間像と、すぐれた人間知を見事に浮彫にした「精神的な自叙伝」でもある。

つぎの『回想録』は、ちょうどトインビーが八十歳を迎える誕生日に出版された。彼の生涯にわたる経験を総決算する「人間事象のバランス・シート」(貸借対照表)である。とくに、これまで八十年におよぶ人生の調べとして、自己の命運を決する「三つの偶然」をあげる。第一にイギリスに生まれたこと、第二に一八八九年に生まれたこと、第三に第一次世界大戦の軍務に適さなかった(召集の時、赤痢にかかり不合格となった)ことである。

その不可避な境遇は、西欧の一員としてのイギリスに生をうけ、全盛期を告げるヴィクトリア王朝の幻想を体験し、さらに戦争を前にして「生き残ったもの」としての、いわゆる歴史的な反省と責任の問題に昇華される。しかも、それらの生の偶然性は、トインビーの脳裏に深く焼きつけられ、彼の一生を規定する運命と使命感を授け

『回想録』

ることになる。この書は、トインビーが歩んだ全精神と行動の源泉を鮮明に明かす「体験的な自叙伝」でもある。

なお、この「二つの自叙伝」の冒頭には、トインビーの「日本語版への序文」が寄せられている。いわゆる、日本に対する変わらぬ親密感と、日本人に対する親愛と尊敬の念を記し、友人としての「特別の喜びと励まし」に深い謝意を表している。他面、核時代の果てしない戦争の罪悪にふれ、日本の戦争経験と教訓を刻む「日本国憲法」（第九条）を高く評価している。今日、トインビーが身を賭《と》して語る希望のメッセージを、他ならぬ「自己変革のさそい」として読み解く意味は大きい。

Ⅱ　トインビーの魅力――人の心を打つもの

オックスフォード大学時代のトインビー（『ARNOLD J. TOYNBEE : A Life』より）

世界的な視野

よく「トインビーには人を打つものがある」といわれる。これまで、およそ「偉大な歴史家」と目される人びとは、たんに学問的な業績だけでなく、その人となりと思想の魅力について語り継がれることが多い。では、トインビーにみる人と思想の魅力とは何であろうか。

第一は、「世界的な視野」ということである。一般にトインビーは、「二十世紀最大の歴史家」とよばれている。その独自の歴史観は、人間の歴史を一つの全体としてながめ、明日の人類文明の命運を問うものであった。具体的には、世界史上に登場する諸文明を同等に尊重し、その多彩な出会いと交流のゆくえを描くことになる。トインビーの主著『歴史の研究』(全十二巻)は、すでに「二十世紀の名著」として名高い。

その執筆目的は、自ら語るように、まだ「木を見て森を見ない」という歴史家の習性を、新たに全体的な「森の観察」へと導くことである。いわゆる、伝統的な歴史学のあまりにも微細な研究や、自尊的な「西洋中心史観」の呪縛《じゅばく》を解きはなつものであった。あえて、トインビーの心情を探れば、世界大に膨張した近代西洋文明の異常性を「正常な関係」にもどし、他ならぬ西欧人の反省を促すことであった。今日、すでに世界の人びとが「一つの家族」となるなかで、全人類を等しく眺望《ちょうぼう》するトインビーのまなざしは深い。

彼自身、「自分の住むところだけが世界である」とみる自己中心的な視野の偏向を「パロキアリズム」（地方根性）と呼び、その克服に全力を注いだともいえよう。ちなみに、彼の学問的な遍歴をたどって見よう。まず、自分の専門分野とする珠玉のギリシア・ローマ史の限界を知り、やがて激動する現代史の鼓動にふれてヨーロッパ文明との比較研究に赴《おもむ》き、さらに人類史を一望する世界史学への道を拓くことになった。

このように、たえず自分の生まれ育ったイギリスとヨーロッパをこえ、また異なる多くの人びとを包む「真の世界史像」を創造したトインビーの姿は啓発的である。その人間と文明のゆくえを見つめる慧眼《けいがん》は、歴史学上の論難をこえて人びとの心をとらえ、新たな開眼にさそうといえよう。

自己偏見の克服

第二は、「自己偏見の克服」ということである。これまで、人類史上の営みには、不幸にもさまざまな偏見が付着している。その中でも、人種差別は全面的に人間性を否定する最悪のものであろう。その他にも、民族的な差別や宗教的な差別等が深い地層に滲みわたっている。歴史的な事例として、たとえば近代に限っても、スペインのメキシコ征服やアフリカの黒人奴隷貿易等があげられよう。また、二十世紀の悪夢として、ナチス・ドイツによる「ユダヤ人抹消」の罪業も見おとせない。

トインビーの新しい世界史学の誕生には、まずこれらの「文明史のひずみ」を正す必要があった。トインビーの生涯にわたる思索も、まさにこの「自己偏見の克服」という課題を基底にしているといえよう。申すまでもなく、「私自身、たまたま西欧人に生まれたにすぎない」との思いが深い。すなわち、自己の内部に巣くう「西欧的な思惟《しい》と形式」を自覚し、また「西欧人の眼で見た世界史像」の克服に身を捧げた。他面、トインビーは、西洋社会にくすぶる「人種差別主義」を批判し、新たに全人類の平等を説く「人種関係論」の開拓者でもあった。

あらためて、その実相をトインビーの歴史観に照らしてみよう。まず、世界史上の「文明表」の作成（一九五四年）では、二十一の多様な文明をあげる。しかも、世界の諸文明をできるだけ同等および同格に見ようとつとめている。いわゆる、これまでの一元的な「西洋中心史観」の軌道修正を企図《きと》したものであった。他面、その宗教観についても、今日の課題となる諸宗教の和解と共生に向けて、自分の属するキリスト教にも厳しい批判の矢を向けている。さらに、二十一世紀の生存課題となる「一つの世界」への構想がある。トインビーは、「世界史の主導権」として、最初は「寛容の精神」に富むインド文明に、さらに晩年には先進諸国の過度な工業化を自制する中国文明と東アジア文明に期待を

『試練に立つ文明』（1948 年）

寄せている。

このように、自己の知的良心をかけて歴史上の偏見や差別の解消に挑むトインビーの姿は刺激的である。その深い自覚と実践の道は、今日「世界の痛みを分かちあう」情念として、未来を育《はぐく》む「地球倫理」の望ましい道標ともなろう。

弱者への共感

第三は、「弱者への共感」ということである。よくトインビーが好んで用いる言葉として、「悩みを通して智はきたる」(アイスキュロス——ギリシア最古の悲劇詩人)ということわざがある。暗に、人間が苦しむことの尊さを表現しているともいえよう。一般の常識的な見方では、虐《しいた》げられたものや抑圧されたものは、社会的に無力であり、とるにたらない存在として無視されるのが通例である。しかし、歴史上の崇高《すうこう》な原理や思想は、総じて被支配的な少数者として、差別された人びとの中に誕生している。トインビーは、むしろ社会の底辺にたたずみ、疎外された人びとの中に、未来への創造性がやどることを見てとっている。このトインビーの斬新《ざんしん》な発想と解明は、これまでの常識的な思考に衝撃をあたえずにおかない。

　このような主題を物語る象徴的な事例が、世界宗教としての「高度宗教」の誕生である。その出現は、決して恵まれた環境に浴するものではなかった。たとえば、大乗仏教やキリスト教の場合をみても、すくなくとも社会の支配層や文明の勝者とは無縁であったといえよう。それらの宗教を育んだのは、むしろ社会的な権利と恩恵を奪われた「社会に属さない者」であった。

　さらに、より広い歴史的な舞台で検証すれば、これまで高度宗教は、勝利に陶酔《とうすい》する文明でなく、その多くは「敗北した文明」の側に誕生している。なぜなら、一国の社会から排除され、また強力な外来文明に支配されるという最大の屈辱と苦悩が、新たな試練をへて精神的な英知をやどすことになる。すなわち、深遠な内面的価値へと心を開き、より高次な高度宗教の道を準備したともいえよう。

　つねに、多数者の勝ち誇る勝者でなく、むしろ少数者の敗者の側に立って歴史を追体験し、苦悩の創造的な意味を明かしたトインビーの姿は感動的である。ちなみに、トインビー自身も、パレスチナ難民の厚生を目的とした「アラブ開発協会」の友好協会議長でもあった。

行動する知識人

第四は、「行動する知識人」ということである。よくトインビーの著作には、「民衆の欲する答えがある」といわれる。彼自身も、そういう著作を心がけ、またそうでなければ意味がないと信じた。今日大きな社会変動のなかで、多くの人びとは深刻な不安と危機感につつまれている。いったい歴史とはなにか、より根本的に人間とはなにかとの疑問をいだき、明日を照らす「歴史の知恵」を求めているともいえよう。トインビーにとって、学問を学ぶということは、基本的に人類全体への貢献を目ざすものであった。いわば、知識は「行動への指針」となり、「価値ある社会的影響」に結ばれるとき、初めて本来の輝きをますものであろう。その意味で、彼はたえず研究成果を社会に還元し、また民衆との不断の交流に心をくばった。

とりわけ、晩年のトインビーは、たんに過去への想念に沈潜《ちんせん》することを死と等しきものと感じている。彼自身、なによりもこの甘い誘惑につよく抵抗した。いわば、自己の安息だけを貪《むさぼ》るのでなく、現代の危機と主体的に対決し、未来の希望を次世代に約束する責任がある。そのすみやかな行動は、他ならぬ人間の倫理的な責務であると考えた。トインビーは、その実践の道に先立つ偉大な師として、イギリスの著名な哲学者であり、核廃絶への著名な「宣言」を起草したバートランド・ラッセルの名をあげる。

実際にトインビーは、「歴史とは現代である」との確信から、危機に立つ現代史に積極的な発言をつづけた。たとえば、世界の耳目《じもく》を引いた「中東戦争」や「ベトナム戦争」に対する卓抜な論評は、まさに「現代の良心」を示すものとして仰《あお》がれた。さらに、自らの「死後の予定表」には、人類の将来を左右する多くの重要な課題が記されていた。たとえば、核戦争をはじめ、人口爆発や地球環境問題および新しい世界国家の創設等である。このように、晩年におよんでも「死後の世界」に強い関心と責任をいだき、明日の「地球と人間」の生存課題にとりくんだトインビーの姿は先導的である。

あらためて、トインビーの魅力をひもとくとき、その身をもって対決し語りかける思想と行動は、きっと明日に生きる人生の道程に、新たな希望の光をともすことになろう。いま、二十一世紀の命運をかける「精神的な討議」として、トインビーの知的挑戦に応える意義は大きい。

III トインビーの知的遺産——苦悩がつむぐ英知

壮年時代のトインビー

トインビーの再評価——「生誕百周年」から

Ａ・トインビーは「二十世紀最大の歴史家」と称され、その主著『歴史の研究』は「不朽の名著」とも謳《うた》われた。彼の死去（一九七五年）に際して、母国イギリスの『ザ・タイムズ』紙は異例ともいうべき長文の追悼文を掲げ、「人類史の根本問題に対する深い洞察」という讃辞を贈った。同様に『オブザーバー』紙も、「〝真の世界人〟と名づけるにふさわしい唯一の歴史家」として、その名誉を讃えた。一方、親日家として名高いトインビーだけに、日本の主要紙は第一面に訃報を掲載し、各々に「世界的に著名な歴史学者の死」（『朝日新聞』）、「『東西文明融合の英知』逝く」（『毎日新聞』）、「永久に残る精神」（『読売新聞』）との見出しをつけて、その死を惜しんだ。

その後間もなく、「トインビー生誕百周年」（一九八九年）を迎える。彼にゆかりの深い各地では、一連の記念行事や追悼《ついとう》論集の刊行が行われた。たとえば、アメリカ歴史学界の重鎮としてトインビーとも親交の深いＷ・Ｈ・マクニールがいる。彼は、「二十世紀のもっとも注目すべき思想家」と評して、長大な伝記『アーノルド・トインビー——その生涯』（オックスフォード大学出版局、一九八九年）を上梓している。またカナダ

各国で出版されたトインビーの追悼論集

では、著名な歴史家グループを中心に『トインビー再評価』（C・T・マックインタイア、M・ベリー編、トロント大学出版局、一九八九年）が出版されている。とくに同書は、トインビーを「人類文明の総合的世界史」を試みた畏敬《いけい》すべき歴史家として、その圧倒的な業績を再解釈し、とくに新しい世代への継承を念じたものである。

日本でも、トインビーの〝承認と祝福〟をうけた「トインビー・市民の会」（秀村欣二代表、一九六八〜九七年、現「トインビー・地球市民の会」）の主催によって、独自の多彩な記念事業が遂行された。ちなみに後援団体は、文部省（当時）、国際交流基金、国際文化会館の他に、比較文明学会および日本の主要新聞社・日本放送協会等である。

まず、トインビーの令息ローレンス・トインビー（画家）夫妻を迎えた「人間と文明・国際フォーラム」（一九八九年、東京・国立教育会館）および舞台をアジアに移した「トインビー・アジアフォーラム」（一九八九〜九一年、韓国、中国およびベトナム）が開催された。両フォーラムの報告書は、『人間と文明のゆくえ——トインビー生誕一〇〇年記念論集』（秀村欣二監修、吉澤五郎・川窪啓資編、日本評論社、一九八九年）、および『文明の転換と東アジア——トインビー生誕一〇〇年アジア国際フォーラム』（秀村欣二監修、吉澤五郎・川窪啓資編、藤原書店、一九九二年）として出版された。いずれもトインビー思想の現代的位置と重要性を再吟味したものである。

この「一九八九年」は、ちょうど「フランス革命二百周年」にあたる。その歴史的気運の中で誕生した「国民国家」の理念と役割は、いま大きく揺らぎ低下している。とりわけ、特定の国家および民族や宗教への身びいきを慎み、人類の歴史を「一つの家族」として鳥瞰《ちょうかん》する包括的な視座が不可欠となろう。

もはや、歴史家の「天秤」は、部分的な観点から全体的な観点へと比重を移し、「森と木」のバランスを図る総合的な観察が必要である。歴史家に託された使命は、これまでの多様な文明の歴史的意味をあとづけ、全人類史をつらぬく共同遺産の検証から、新しい「文明共存」の可能性と知的規範（パラダイム）を開示することである。トインビーの真正な理解と評価は、やはり「歴史学の彼方」（メタヒストリー）に求められるのであろう。新たに、二十一世紀の歴史を見直す「新しい使命と価値」を尺度とするとき、トインビー再評価の道が開かれることになる。

これまで、欧米の専門史家によるトインビー観は、伝統的な歴史学との断絶をふくむことから、概して冷淡で否定的である。一流の史学雑誌である『イギリス史学評論』や『アメリカ史学評論』および『近代史学雑誌』等は、長年にわたって黙殺している。同時代にこうむる悲運は、つねづね「真に問題性をもつ非正統的な歴史家」の宿命なのかもしれない。その風向きを創造的な批評に変えたのは、じつは新たな「比較文明学」の命題を会得したP・A・ソローキンやR・クールボーンの登場を待ってのことである。

二十一世紀の知の希望は、主として「三つの価値志向」によって導かれることになろう。第一は「未来への志向」であり、第二は「他者への志向」であり、第三は「共生への志向」である。いうまでもなくトインビーは、この「三位一体」のいち早い価値体現者でもあった。

歴史観——「二十世紀最大の歴史家」として

トインビーにとって「古典古代」（ギリシア・ローマ）は、学問研究の故郷であり、また新たな比較文明学を育む源泉ともなった。彼は、オックスフォード大学で古典教育の厳しい修練を積み、その俊英として将来を嘱望された学徒の一人である。ちなみに、ギリシア古典文学の大御所として名高いギルバート・マレイは、彼の恩師であり岳父にあたる。その依嘱をうけて、『ヘレニズム——一つの文明の歴史』（一九五九年）と題する一種の文明史的な著作を刊行している。

通常、「ヘレニズム」という言葉は、十九世紀の文芸評論家マシュー・アーノルドに端を発し、さらに同世紀の高名な歴史家J・G・ドロイゼンによって、「ポリス的性格」をこえる一大時代概念となる。すなわち、アレクサンドロスの東征およびそれを継ぐ「後継者」の時代である。とくに、これまでの「堕落と衰退」という刻印ではなく、むしろ古典ギリシアからローマ帝国への橋渡しの時代として高く評価した。

一方、トインビーのヘレニズム観は、いわゆる「ヘレニック文明」としてギリシアとローマを一体としてつつんでいる。かつその地理的分布も、エーゲ海域から東アジア、インドおよび西の北アフリカ、ヨーロッパへとわたり広範である。また、その文明特有の世界観となる自己中心的な「人間崇拝」の罪過が、今日の近代西洋文明から現代文明にいたる「傲《おご》り」として問われることになる。

主著『歴史の研究』（第1巻、1934年）

一般に、学問領域での「古典古代」研究は、まずギリシアとローマを明確に区分し、さらに「ギリシア」は古典期以前とヘレニズム時代に分離される。また「ローマ」は、共和政期と帝政期に細分化される。ここでは、先進文明としてのオリエント文明との脈絡が絶たれ、さらに中世以降から近・現代史にわたる歴史性が脱落している。この点、トインビーの問題関心は、古典古代からヘレニズム、中世のビザンティン時代および近・現代史の全体をつつんでいる。まさに、旧来の専門分化した「時代区分法」をこえる、文字通りの「ギリシア全史」を鳥瞰《ちょうかん》した稀有《けう》な学者であった。

他面、第一次世界大戦を前に「ヨーロッパの火薬庫」の一部となったギリシアでの「生の体験」が、ナショナリズムの限界を悟る契機ともなった。いわゆる、もう一面の「国際政治学」に開眼することになった。いわば、この歴史学的関心の時間的および空間的な拡大と知的総合の試みこそ、トインビー史学の大きな特徴となる。かくして、西洋文明のよすがとして、伝統的なアカデミズムに胚胎する「永遠の規範」ないし「耽美《たんび》的・観照的」なギリシア観と袂《たもと》を分かつことになる。

この孤独を強いられたトインビーにとって、少数ながら良き理解者として登場するのが、西洋古代史の重鎮E・D・マイヤーとJ・フォークトである。マイヤーは、古代地中海を主題にして、いち早く「普遍主義」的な観察方法を導入している。また、トインビーが『歴史地図』（一九五八年）を出版する際には、一知友として共同編集の任も務めた。

このマイヤーを師とするフォークトは、歴史学の人類史的な課題として「普遍的世界史」という明確な目標を提起している。その熱き願望を託した著書が、一九六一年の『世界史の課題――ランケからトインビーまで』（小西嘉四郎訳、勁草書房、一九六五年）である。なお、第一回の「国際比較文明学会」（オーストリア・ザルツブルク、一九六一年）では、トインビーとともにフォークトも指導的な役割をはたしている。このように、トインビーの新たな旅立ちには、同僚のマイヤーやフォークトといった卓抜な古代史家の「公正な評価」と支持があったことも見逃せない。

これまで「古典ギリシア」の亡霊は、ルネサンス期の古典愛好者をはじめとして、幾度となく、しかも一方的な形で呼びもどされてきた。今日そのギリシアも、従来の「新しい規範」というより、むしろ「異境の他者」として眺められようとしている（樺山紘一『異境の発見』、東京大学出版会、一九九五年）。さらに、同学の現代史家のあいだでも、「トインビーを全く無視して、二十一世紀の歴史学の発展がありえるか」（秀村欣二『トインビー研究』、『秀村欣二選集』第三巻、キリスト教図書出版社、二〇〇二年）との根源的な問いが深められている。

かつて文化人類学の巨星A・L・クローバーが証言したように、トインビーは、「文明の比較」という未来の肥沃《ひよく》な土壌を開拓した最初の専門史家である。いま、その勇気と洞察を秘めた巨視的な世界史観と価値について、真摯《しんし》な検討を進めたい。

国際政治観――「現代の良心」を秘めて

かつてトインビー批判の急先鋒に立ったP・ガイルは、「予言者トインビー」に業をにやし、とりわけ「西欧文明の冒瀆《ぼうとく》」に厳しい批判を浴びせた。第一次世界大戦後、トインビーはいち早く「西欧文明の矮小化《わいしょうか》」（一九二六年）を説いている。たとえ、その「予言」が正統史家の我慢しがたいものであっても、今日否定できぬ世界の現実となった。このガイルとトインビーのあいだにみる深い「断絶」を、どう解釈すべきだろうか。まず、トインビーの国際政治観の特徴から捉えてみたい。

トインビーには、二つの雁行する主著がある。その一つは、いうまでもなく『歴史の研究』であり、他の一つは『国際問題大観』である。いずれも、歴史的な「文明」の挫折要因となる戦争体験に端を発している。後者は、一九二〇年にL・カーチスによって創設された「王立国際問題研究所」（チャタム・ハウス）の年報である。トインビーは、一九二五年にロンドン大学教授をかねて、この高い権威が付されるチャタム・ハウスの研究部長に就任する。以来、第一巻の『〈大観〉、一九二〇～二三年』（一九二五年）を皮切りとして、自ら巻頭を飾る「序文」および長大な「総論」を執筆している。なかでも、第一次世界大戦の結末を解明する『平和会議後の世界』

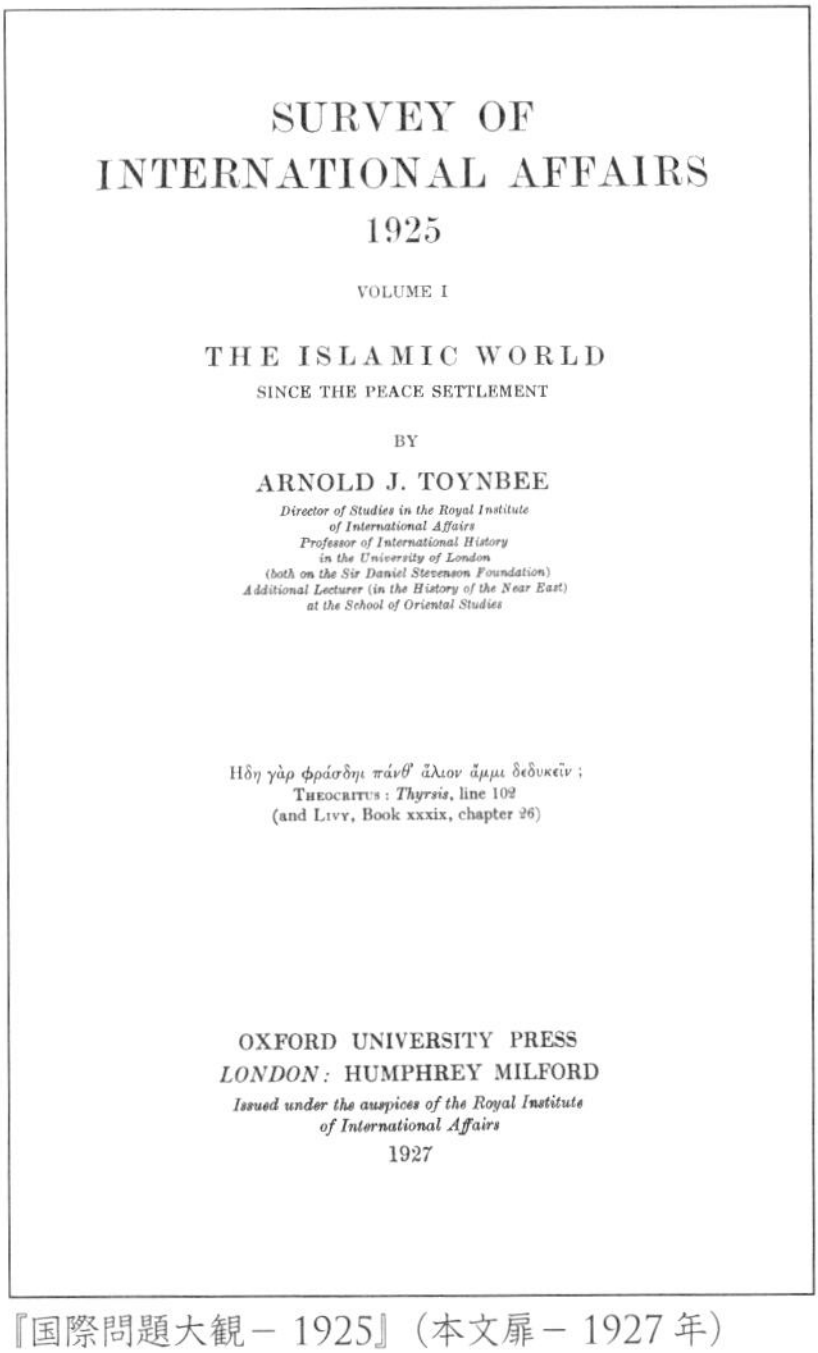

SURVEY OF
INTERNATIONAL AFFAIRS
1925

VOLUME I

THE ISLAMIC WORLD
SINCE THE PEACE SETTLEMENT

BY

ARNOLD J. TOYNBEE

Director of Studies in the Royal Institute of International Affairs
Professor of International History in the University of London
(both on the Sir Daniel Stevenson Foundation)
Additional Lecturer (in the History of the Near East) at the School of Oriental Studies

Ηδη γὰρ φράσδῃ πάνθ' ἅλιον ἄμμι δεδυκεῖν ;
THEOCRITUS : *Thyrsis*, line 102
(and LIVY, Book xxxix, chapter 26)

OXFORD UNIVERSITY PRESS
LONDON: HUMPHREY MILFORD
Issued under the auspices of the Royal Institute of International Affairs
1927

『国際問題大観－1925』（本文扉－1927年）

（一九二五年）や、第二次世界大戦の原因を究明した『大戦前夜』（ヴェロニカ・M・トインビーとの共編、一九五八年）は、いまや古典的名著として不動の声価を得ている。

その論調は、国際問題の世界史的な探究として、ことに「文明変動論」を基軸にした「西洋化」の歴史的位相と命運が問われることになる。いわゆる、トインビーの「歴史的な関心」と「現在的な関心」の相関性から、現代の国際問題にひそむ本質的な意味が解読される。その独自の視点と方法は、もはや近代歴史学のいびつな「史料学」と袂《たもと》を分かち、また古典的な国際政治学にみる強国中心の「勢力均衡《きんこう》論」とも趣を異にしている。今日、トインビーが、新たに広範な国際現象を包括する「国際関係論」の草分け、と称される所以である。

かつて、著名な国際政治学論集として、K・W・トンプソンが編纂《へんさん》した『国際思想の巨匠たち』（一九八〇年）がある。そこには、二十世紀を代表する理論家の一人としてトインビーが登場し、「世界文明と国際政治学」を執筆している。晩年のトインビーの思索は、まさに永続的な真の平和を希求する「世界文明」の創設にあった。その人類の英知を託した文明は、これまでの歴史的先例とは異なり、とくに現在の国際政治の基本的な改造をせまるものであった。

まず問題の本質は、なによりも「主権」の論理に支えられるナショナリズムの克服にある。トインビーの他ならぬ「文明」の設定も、その「生身の神」としての独善性と排他性の超克《ちょうこく》にあった。さらに、世界文明の可能性は、歴史上の「分化と統合」を示す文明変動の検証や、オスマン帝国の「ミレット制」（宗派別・宗教共同体）が証す歴史的な共存事例から考察される。とくに、世界文明の社会構造をになう新しい市民層として、特定の地方的国家をこえる「ディアスポラ」（離散民）に注目する。それは、西洋近代の国家像を彩る「垂直的」な構造から、人類共生への横断的な連携を育《はぐく》む「水平的」な構造への転換である。

今日、文字通り一つの「地球文明」の時代を迎える。とりわけ、近代の国際政治体系を問い直す新しい国際協調と相互依存の理論構築が急務となる。トインビーがいち早く提示した「世界文明」の立場は、まだ基本構想と青写真の一部にとどまる。しかし、世界史と国際政治を結ぶ豊かな知見として、その未来を見据える洞察は深い。現に、戦争か平和かを問う「最後の審判」の足音が近づく中で、新たな価値解釈の変更および選択として、トインビーの文明史学に学ぶ意味は大きい。

宗教観——「真理の独占権」を排して

いわゆるトインビー史観の全容は、主として三つの時代区分から解くことができよう。かつてK・W・トンプソンは、その各時期について、第一期の「ナショナリズム」の時代、第二期の「文明」の時代、第三期の「宗教」の時代と命名している（「トインビーの歴史への接近」、一九五六年）。とくに晩年は、歴史研究の究極的なテーマとして「文明と宗教」の問題に深い関心を寄せた。事実、トインビーの論考「歴史家の霊感《れいかん》」（一九五四年）では、歴史研究の目標と使命にふれて、「神を追い求め、神を見いださん」といった宗教的な命題も散見する。また、彼の歴史記述で用いられる「挑戦」と「応戦」といった主要概念が、『旧約聖書』の「ヨブ記」に由来することはよく知られるところである。

このような主題と方法論上の変化について、ひとまず主著『歴史の研究』の刊行に照らして観察しよう。その第一巻から第六巻（一九三四〜三九年）までが「文明中心」

となり、その後の第七巻以降（一九五四年〜）が「宗教中心」の考察となる。後者は、ちょうど第二次世界大戦の危機を体験し、歴史上の「世界国家」と「世界教会」の命運をテーマに検討をはじめた時期にあたる。じつは、このような宗教的な意味解釈と価値判断が、歴史を歪曲する一種の「神義論」ないし「救済史」として論難され、多様な「トインビー批判」の一拠点ともなる。

ところで、トインビーの宗教観は、つねに歴史上の「文明」との相互関係から追究される。いわゆる、一文明の自己完結性をこえる「文明変動論」の視点である。代表的な事例として、「高度宗教」（世界宗教）の成立および歴史的機能の問題がある。ここでは、「文明の出会い」による高度宗教の誕生と「文明の超克」としての特殊な役割が焦点となる。いずれも、先行の「宗教の否定的役割」（E・ギボン）や、文明末期の「第二の宗教性」（O・シュペングラー）といった見解をこえる、トインビー独自の視点である。

しかし、トインビーの意図は、あくまでも文明から宗教への「重心の移行」にすぎず、まして神学上の「護教」論に与《くみ》するものではない。とりわけ「宗教偏重」と

『一歴史家の宗教観』（1956年）

いう苦言については、R・クールボーンの適切な助言（『トインビーの「歴史の研究」における事実と虚構』、一九五六年）とともに、トインビー最晩年の告白（『暗中模索』、一九七三年）に耳を澄ましたい。

トインビーの知的探究には、客観的な歴史思考に忠実な「学者」としての側面と、超越的な実在に真摯に対峙《たいじ》する「求道者」としての側面が共存している。その既成の境界領域をこえる矛盾と高次の緊張が、逆に独自の歴史的知見と洞察を育むことになる。トインビーの『再考察』（『歴史の研究』第十二巻、一九六一年）は、その知的苦悶と結晶の遺産である、といえよう。

さらにトインビーは、「現代宗教の課題」として、真理の独占権を排する「開かれた救済」を説いている（『一歴史家の宗教観』、一九五六年）。ちなみに、人類史上、人間の自由意思によって洞察された神の啓示は、わずかに究極的な実在の一断面を投影するにすぎない。かつて、異教を奉じて聖アンブロシウスとの論争に敗れたローマの統領シンマクスは、「かくも偉大な神秘の核心は、ただ一つの道をたどることによっては到達しえない」という言葉を後世にのこしている。

今日、これまでの自己中心的な「宗教排他論」から、他宗教との対話と共生を目ざす「宗教包括論」への転換は、時代の不可避な要請でもある。二十一世紀の「地球文明」に向かう諸宗教の命運は、いち早くトインビーが指摘した「シンマクスへの応答」にあるといえよう。

他面、トインビー自身も、キリスト教的な世界観や環境の中で育ちながらも、終生、特定の宗教や宗派に帰依することはなかった。また、歴史的な宗教類型についても、どちらかといえば、独善的で排他的な「ユダヤ系宗教」よりも、寛容性と包容性に富む「インド系宗教」に共感と期待を寄せている。おそらく、後者の精神的資質にひそむ、異教や異文明に対する大らかな「寛容性」に着眼してのことであろう。

最後に注目すべきことは、「聖なるものの普遍性」をめぐる、トインビーと宗教学の巨匠M・エリアーデとの知的邂逅《かいこう》である。その新たな命題の定立と歴史的な検証は、これまでの伝統的な宗教観や先験的な定義を読みかえる知的挑戦でもある。問題の核心は、人類史上の自然宗教や他宗教を排する、いわゆる一神教の神観念を頂点とする「西欧中心主義」から脱却することである。

アジア観——「世界史の半分」を占めて

トインビーの生誕百年を迎えた「一九八九年」は、まさに「歴史の大転換期」として、新しい世界史の扉を開く記念すべき年でもあった。世界はいま、「ポスト冷戦」、「ポスト国民国家」という新しい国際関係の座標軸から、現実には「総合と分裂」のディレンマをしのぎながら、世界秩序の再構築に向けて模索を重ねている。

おそらく、大方のどんな予測をもこえた今日の国際変動は、一方のヨーロッパおよびソ連邦・社会主義圏の崩壊に尽きるものではない。他方の資本主義社会も、脱工業化の道を余儀なくされるように、「近代文明」の原理と知の構造が大きく揺らいでいる。その意味で、現代の歴史的境位は、通常の歴史的な「時期区分論」をこえる座標軸から捉えるべきであろう。

いわゆる、人類文明史を画する「文明の転換」問題として、新たなまなざしが必要である。その具体的な作業の一端に、たとえば文明史上の「西欧とアジア」の逆転を見すえるような「視野の転換」と、時に自己否定による他者了解をも受諾する「思考の革命」といった知的営為がふくまれるであろう。総じて、文明と人間の自己革新と新しい知の変容が要請される。

目下、これまで主導的であった西欧文明の翳《かげ》りとともに、新たな文明の曙光《しょこう》としてのアジア、とくに東アジアに熱い視線が注がれている。アジアの潮流にも、やっと対話の日差しがみえ、積極的な経済政策と地域協力を基盤に「東アジア共同体」の創設が唱えられている。いわゆる、「グローバリズムとリージョナリズム」の共存を図る「開かれた地域主義」の構想が実ることを期待したい。勿論、その道程に立ちはだかる難問も多い。いわゆる、各国間の経済格差の拡大や急激な乱開発による公害問題、さらに政治的自由と人権の強化を求める「民主化」の要求も根強いものがある。

このように、多様な姿で苦闘し、現実にはおおむね第三世界に属するアジアの未来に、日本はどのような責任と役割を果たすべきだろうか。その新しい針路は、アジアの安定のみならず、新世界システムの「調和ある発展」を見すえる試金石ともなろう。

明日の日本の選択は、ややもすればアジアを「他者」として対象化し、「軽視と別離」のまなざしで犠牲を強いてきた過去を正すものでありたい。自戒をこめて、一人の人間としてアジアを知り、アジアを心に刻むということは、他ならぬ自己認識と世界認識の質を問う思想的な踏絵でもある。さらに、自ら新しいアジアとの関係をつくりだすという、主体的な創意を負うことを銘記したい。

ところで、このような文明史的な位相と命題をいち早く考察したのが、トインビーである。トインビーのアジア観には、これまでの歴史的な観念をこえる文明論的な思考と洞察が刻まれている。まず「アジア」という地域概念について、地理的にユーラシア世界のインド以東とし、それを「インド・仏教圏」と名づけている。いわゆる、イラン以西の「ユダヤ・ギリシア圏」に対応するもので、歴史形成の主導原理となる宗教的文脈をくんで考案したものである。

それは、これまでのギリシア・トルコ（アナトリア）を境界とした「ヨーロッパとアジア」というねじれた二分法に比して、イスラーム文明の相貌《そうぼう》を読み解く歴史的な内実と含蓄をそえるものであろう。このアジアとしての「インド・仏教圏」は、仏教やヒンドゥー教をはじめとする「インド系宗教」に与《くみ》し、インド文明と中国文明を中核とする多くの周辺文明から構成される。

トインビーが、とくにアジアの将来を考えるとき、まず最初に念頭においたのはインド文明であった。いわば、核時代における人類存続と世界平和への悲願を成就するには、人類共同の「世界国家」の創設が急務である。その実現にとって、「インド系宗教」に培《つちか》われてきた包容性と寛容性の英知こそ、不可避な精神的基盤となろう。

『トインビーの中国観』（山本新・秀村欣二編）

しかし、晩年の一九七〇年代に

は、トインビー思想の重要な転機として新しい見解が盛られることになる。それは、二十一世紀の人類史的な課題である「世界統合」と「脱工業化」という観点から、通常「漢字文化圏」ないし「儒教文化圏」として総称される「中国を基軸とする東アジア」への期待ともなる。

すなわち、これまでの米ソ（当時）超大国の覇権主義と、過度な工業化に邁進《まいしん》する先進工業国は自ずから限界がある。新たに「農工のバランス」と「生命圏の調和」という、いわゆる「中道」の理念を育む東アジア（中国、韓国、日本、ベトナム）の知的遺産が有望となる。いまやトインビーにとって、東アジアは実際の地形的な限定をこえて、「世界史の半分」という歴史的な重みを満たすものであった。

もっとも、すでに新中国の成立から六十余年も過ぎた。現在、大胆に「改革開放」の近代化路線を推進し、ついに世界第二の経済大国ともなった。その反面、多くの民衆の不公平感と民族問題が渦巻いている。はたして中国は、トインビーが期待したような「第三の道」に向かうだろうか。いま、世界の命運をそえて中国の新たなゆくえが問われているといえよう。

　このような、トインビーの歴史学と国際政治学をつなぐ最終像は、いわゆる二十一世紀の文明変動論として、とくに非西欧文明の比重と「西洋化」の帰結を読みぬく上で重要である。他面、トインビーの東アジアへの期待は、往々にして陥りやすい自己中心的なナショナリズムをこえねばならない。いわゆる、全人類的な「地球文明」への視座と道標から解明すべきであろう。少なくとも、文明の優劣関係に目をこらす「ヨーロッパ中心主義」の裏返しとしての、「アジア・日本中心主義」への回帰を容認するものではない。

　今日、世界の耳目《じもく》を集める一連の「核拡散」や「地球的問題群」等がある。緊急の課題として、人類共生の新しい世界システムと知的規範の創造が求められる。その、二十一世紀の文明試練にのぞむ高度な歴史的知見として、トインビーのアジア観と先見の明に注目したい。

IV 三つの「トインビー展」——「全トインビー」の足跡

令息L・トインビーが描いた父の肖像画（『AN HISTORIAN'S CONSCIENCE』より）

第一回（一九七二年、ロンドン）

今年（二〇二一年）は、トインビーの主著『歴史の研究』が完成して五十周年にあたる。この記念すべき機会に、これまで独自の企画として催された「三つのトインビー展」を顧みながら、新たにトインビーの知的肖像を描くことにしたい。いわば、二十一世紀の人間像を語らう「トインビーとの対話」の試みである。

まず第一回の「トインビー展」は、一九七二年に母国イギリスのロンドンで、オックスフォード大学出版局およびナショナル・ブック・リーグの共催によって行われた。ちなみに、トインビーの主要著作は、主著の『歴史の研究』（全十二巻、一九三四～六一年）から遺著の『人類と母なる大地』（一九七六年）にいたるまで、そのほとんどがイギリスの名門・オックスフォード大学出版局から刊行されている。その事情は、たんにトインビーの母校の縁にとどまらず、とくに同編集長がトインビーに寄せる「二十世紀最大の優れた歴史家」としての高い信頼に負っている。

この展示会は、彼の主著にちなんだ「トインビー研究展」という名称のもとに、

「アーノルド・トインビー博士の業績と全貌を示す」ことを主眼に企画された。いわゆる、トインビーの十四歳のときの小論文「マケドニア王朝下のローマ帝国」から、八十三歳の大作『コンスタンティン・ポルフィロゲニトゥスとその世界』（校正刷り）までの七十年間にわたる知的遺産の開示である。会場はロンドンのナショナル・ブック・リーグで、期間は三月九日から二十五日までであった。

おもな展示内容は、トインビーの初期作品や伝記資料をはじめ、手紙・習作ノート・講義録・原稿・校正刷り・写真およびオックスフォード大学出版局を中心に刊行された著作集等である。さらに、トインビーが創設以来、研究部長（編集主幹）を務めた「王立国際問題研究所」（チャタム・ハウス）の年報、および随時『オブザーバー』紙の海外ニュース・サービス等に執筆した諸業績である。その他にも、各国語に翻訳されたトインビーの全著作品がならんでいる。このような同展の出品総数は、二百九十六点であった。

なお、同展の開催に際して、トインビーの秘書ルイズ・オール氏から日本の「トインビー・市民の会」（高品増之助代表）に招待状が寄せられ、あわせて同展へのメッセージと出品が要請された。その後、折り返しトインビー自身の返信が届き、日本のメッセージに対する「深い感銘」の念とともに、同展がきわめて盛会裏に終了したことが伝えられた。同時に、「トインビー・市民の会」の機関誌『現代とトインビー』をはじめとする六十点の展示物は、会場のもっとも人目を引く場所に陳列され、「参加者の大きな注目」を集めたことが書きそえられていた。

『トインビー文献目録』（1980年）

この当時、トインビーは翌四月で八十三歳の誕生日を迎えるところであった。その生涯に著した著作（編著、共著等）は、なにぶんにも多分野にわたり膨大な数にのぼる。事実、トインビーの死後に刊行された『トインビー文献目録』（S・F・ムートン編、オックスフォード大学出版局、一九八〇年）は、一冊の単行本として編まれ三百十六頁を数える。その驚異的な偉業は、なによりも明日の人類史に心をくばり、また自己のモットーとした「たえず多くのことを学びつつ、私は老いていく」（ソロン――ギリシア七賢人の一人）という旺盛な好奇心と、「ラボレームス（さあ、仕事を続けよう）」という精力的な著作活動の賜物《たまもの》であろう。トインビーの長年の学的生涯と多彩な業績を集成した本展示会は、充実した「異色の書籍展」として参加者も多く、名実ともに第一回の「トインビー展」を飾る歴史的な門出となった。

第二回（一九九五年、東京）

つぎに、第二回の「トインビー展」は、一九九五年に「トインビー・市民の会」（秀村欣二代表）の主催により東京で行われた。同年は、ちょうど「トインビー没後二十年」にあたり、その記念事業の一翼《いちよく》をになうものであった。この展示会は、「二十世紀の良心・トインビー展」と謳《うた》われ、日本で初めての催しとなった。

同展の開催に際して、トインビーの令息ローレンス・トインビー氏（画家、イギリス・ヨーク在住）から「父の生涯と思想が、とくに日本においていまなお尊重されている栄誉」への謝辞と、「世界平和は父の重要な目的の一つであり、相異なる文明の研究に貢献することを念願していた」というメッセージが寄せられた。会場は新装された東京・高輪《たかなわ》区民センターの展示ギャラリーで、期間は十月十九日から二十一日までである。なお、同展の後援には、トインビーと縁の深い日本比較文明学会（伊東俊太郎会長）および主要新聞社をはじめ、オックスフォード大学出版局、ブリティッシュ・カウンシル等が名を連ねている。

おもな展示品は、つぎの四つのコーナーに分類される。第一は、トインビーの主著書・自筆原稿等である。ここでは、トインビーの「二つの主著」とされる『歴史の研究』（全十二巻）および『国際問題大観』（第一〜十五巻）の原書を筆頭に、M・F・A・モンターグ編の『トインビーと歴史』（一九五六年）をはじめとする学術研究書が中核をしめる。また特別展示（創価学会協力）として、トインビーと池田大作氏（創価学会名誉会長）との対談集『二十一世紀への対話』（一九七五年）に関するトインビーの自筆草稿、書簡等もみられた。

第二に、日本におけるトインビーの著作の翻訳・入門・研究書、雑誌・新聞寄稿記事、第三に、アジア、とくにトインビー熱の高い韓国、中国における翻訳・研究書、雑誌、新聞、第四に、「トインビー・市民の会」への直筆をふくむメッセージ、および同会の約三十年間にわたる全活動記録等が展示された。他面、会場ではこれらの主要展示品とならんで、トインビーとの対談ビデオ（林健太郎氏、若泉敬氏）が上映された。ちなみに両氏のテーマは、林氏が「世界文明と日本の地位」、若泉氏が「世界と日本を語る」であった。いかにも「真の世界人」と称せられるトインビーの面影《おもかげ》を伝えている。なお、同展の「総合目録」による出品総数は、およそ六百点であった。

「第二回トインビー展」（1995年）

もとより、トインビーと日本との関係は、ことのほか深いものがある。親日家でもあったトインビーは、戦前戦後を通じて三度（一九二九・五六・六七年）来日している。また一九六八年には、日本政府より「独自の世界観を通して日本文化の向上に貢献した」として「勲一等瑞宝章」を受章した。さらに、主著『歴史の研究』は世界に先駆けて完訳（全二十五巻、経済往来社）されており、その他の主要著作もほとんどが邦訳されている。また、山本新《しん》、秀村欣二《きんじ》の両氏をはじめ、日本の研究者による研究書および翻訳書も数多い。

ちなみに、『トインビー文献目録』（Ⅰ・Ⅱ、吉澤、第三文明社、一九七四・七六年）によれば、トインビー著作の邦訳二十六点、寄稿論文（雑誌）三十五点、さらにトインビー紹介・研究文献（単行本・雑誌）百八十二点となっている。また、日本の主要新聞で公表されたトインビーの寄稿論文（一九五三〜七四年）は五十七編にのぼる。その独自の観察と全容は、のちにテーマ・時間別に再編されて『地球文明への視座――トインビー現代論集』（秀村欣二・吉澤五郎編、経済往来社、一九八三年）として刊行された。

なお同書の第一章は、他ならぬ「日本の印象と期待」（『毎日新聞』、一九六八年）である。総じて、トインビーの日本への関心と期待は高い。この最後となる手記では、日本文明の創造性として、とくに造船工学、海洋開発、神道等を例にとりながら語る。また日本人の美徳として、礼儀正しいマナーや文化的洗練度に目をとめながら称讃している。その日本との出会いと思い出は、トインビーにとって「西洋人の劣等感と日本人の独創性」（同第四節）を裏書きするものとなった。

他面、現代日本が遭遇する主要な問題についても、傾聴すべき独自の診断を下している。その一例として、いち早く日本の都市化に関連する「公害問題」や「中国問題」の重要性を指摘している。

『地球文明への視座』（秀村欣二・吉澤編）

さらに、「日本国憲法第九条と私」（同第八節）と題する一節では、とくに「戦争放棄、戦力不保持」を規定した「第九条」の世界史的な意義を強調している。その人類共通の願望を秘めた英断は、これまで「戦争によって事態を解決する」という強国の伝統的な特権と手法の放棄を意味する。それは同時に、核戦争に脅かされる現代的挑戦への聡明な応戦を示す「未来への希望」であると述べる。日本は、いうまでもなく世界で唯一の原爆被災国であり、いま新たにその挫折の教訓と根本理念を再確認すべき「とき」であろう。

もっとも、このようなトインビーの好意的な日本観は、あくまでも自らに巣くう「西欧的思惟《しい》と形式」を脱皮しようとする、いわば真摯《しんし》な自己超克の試みとして理解すべきであろう。他面、今日の国際政治には、いまも根強いナショナリズムが跳梁《ちょうりょう》し、その克服に世界の命運が託されている。有史以来、数多くの戦争は、つねづね文明の大きな挫折要因ともなった。今後の課題は、人類文明史の根本的な見直しと高次の精神的遺産の再生にあるといえよう。このトインビーの現代論集は、まさに二十一世紀の「地球文明への視座」として、新たに「グローバル・エトス」(人間共通の価値観)を育む貴重な糧となろう。

「第三回トインビー展」(2003-6年)

第三回(二〇〇三〜六年、東京ほか)

最後に、第三回の「トインビー展」は、創価学会(各地区実行委員会)の主催により、二〇〇三年八月の仙台市を皮切りに全国各地を巡回したものである。この展示会は、『二十一世紀への対話』――トインビーと池田大作展」と称され、一九七二年から翌年にかけてのトインビーと池田大作氏(創価学会名誉会長)の対談三十周年を記念して催された。とりわけ晩年のトインビーは、とくに日本の識者との対話に貴重な一時を過ごしたともいえよう。

たとえば、トインビーと若泉敬氏との対談集『未来を生きる――トインビーとの対話』（毎日新聞社、一九七一年、講談社、一九七七年）も、その一例である。若泉氏の発案になる同書の主題は、「現代における断絶（ギャップ）」である。とくにトインビーは、現代の急激な変動に遭遇《そうぐう》する若い世代の苦悩に心を痛め、また現代の価値観を問い直す「倫理上の断絶」（モラリティ・ギャップ）を克服する道を説いた。この対談には、一種の「遺言の書」として、トインビー自身も「大いなる情熱と最善の準備」をもってのぞんだ。すでに世界的に名をなし、しかも八十歳をこえている。その高齢のトインビーが、激動する現代の基本問題を直視し、さらに「未来を生きる」苦悩と希望について誠実に答えようとする姿は感動的である。

『二十一世紀への対話』（英題『生への選択』1976年）
©Seikyo Shimbun

さらに、もう一つの事例が、

トインビーと池田大作氏との対談である。その収録書は『二十一世紀への対話』（全二冊、文藝春秋、一九七五年、全三冊、聖教新聞社、二〇〇二・三年）として刊行された。かつて世界的に著名な仏教学者・鈴木大拙は、トインビーの『歴史の研究』を評して「仏教思想の精髄に通じる書」として絶讃し、その邦訳を推挙した一人であった。

今回の対談も、かねてより宗教の文明論的考察に意を注ぎ、とくに東洋の英知として「大乗仏教」に注目したトインビーが、池田氏に宛てて対談を提案した「一通のエアメール」を機縁としている。本書の内容は、主として第一部「人生と社会」、第二部「政治と世界」、第三部「哲学と宗教」という三部構成（全十二章）からなる。いずれも、二十一世紀の重要課題について、研ぎ澄まされた世界史的な眼光から、人間の根源的な在りようと文明のゆくえが真摯に討議されている。

とくに、学術的な見地として重要な点は、同書が来るべき「一つの世界」に関する「最終のトインビー像」を収めていることである。すなわち、最晩年のトインビーが、『図説・歴史の研究』（一九七二年）で表明した基本見解を新たに集成する重要な文献となっている。とくに、将来の「世界史の主導権」を中国および日本等をふくむ「東アジア」に求め、その歴史・文化史的な検証と未来的展望を披瀝《ひれき》している。その卓抜な構想は、昨今論議される「東アジア共同体」の提唱を先取りする、豊かな歴史的知見と洞察に富んでいる。なお同書は、今日、イギリス（オックスフォード大学出版局）をはじめ世界で、二十八言語で翻訳出版され、各界に大きな影響をひろげている。トインビーは、この対談集刊行の半年後（一九七五年十月）にこの世を去った。

ところで、この展示会では、トインビー・池田氏の出会いと交流の足跡を克明にたどりながら、とくに、トインビーの直筆原稿をはじめ書簡・写真等約三百点が展示されている。このほかにも、会場では、対談が行われたトインビー邸のつましい「部屋」の再現や収録時の肉声テープ等も流されており、当時の対談模様が臨場感豊かに表現されている。全国十八会場におよぶ来場者数は、六十万人をこえるという。

あらためて敷衍すれば、先の『二十一世紀への対話』の英語版の題名は、じつは「生への選択」（Choose Life）であり、トインビーが『旧約聖書』（「申命記」）を典拠に命名したものである。今日、歴史の方位喪失と深い混迷の中にある。とくに、異なる他者との信頼を育み、諸文明間の対話と共生へ努力することは、まさに至上の課題である。はたして、二十一世紀に人類は生き延びることができるだろうか。いまわたしたちは、人間存在の真価を問う文明史上の大きな転機に立っている。いわゆる、「呪われた死」と「祝福される生」との重大な選択をせまられている、ともいえよう。

二十一世紀の道標として、人生の深遠な哲理と世界平和への英知を秘めた「トインビーとの対話」は、きっと明日の希望を照らす豊かな源泉となろう。歴史の教訓に学べば、人間の強い意志と努力によって、新たな「精神革命」の第一歩を踏みだすことは可能である。これまでの「三つのトインビー展」は、各々の独自の使命感と趣向の中で、その新たな想いをささそう自己省察と飛躍の情景ともなった。

V　二十一世紀を読む――「人類と母なる大地」のゆくえ

晩年のトインビー（『図説・歴史の研究』表紙・学研より）

「戦争の世紀」をこえて

「人類史の折り返し点」として

これまで、人間の生存には、不幸にも他者に対する攻撃的な闘争心がひそんでいる。さらに、国家の強力な暴力行為としての戦争が止むこともなかった。今日なお、「冷戦後」の平和を待ち望む間もなく、まだ呪いの戦火は消えることがない。人類史の裏面は、あたかも「平和の到来」を脅かすかのように、はてしない破壊と苦難の戦争史を告げている。折しも、いま歴史上の「第三の千年紀」を迎える。ここに、あらためて「人間と文明」のゆくえを再考する「生への選択」が問われている、といえよう。

周知のように、「第二次世界大戦」(一九三九~四五年)の勃発は、新たな核時代の幕開けとなった。とくに、人類初となる原子爆弾の投下(広島、長崎)は、未曾有の犠牲者を生み、病める歴史と人間そのものに対する大きな幻滅をさそった。もはや、戦争の破壊力が、自ら企てた政治的な目的を遥かに凌駕《りょうが》している。また、多くの無辜《むこ》の人びとを巻きこんだ戦死者の総数も三千四百万人を数え、有史以来十九世紀までの戦死者の総和を上回っている。あえて二十世紀を称して、世に「戦争の世紀」もしくは「戦死の世紀」と呼ぶゆえんである。

同時に「二十世紀の問題」として、人間が自ら人間に犯した極限的な罪業である「ホロコースト」（大量虐殺）の悲劇がある。その象徴的な例が、周知の「アウシュヴィッツ」（ポーランド南部、現オシフィエンチム）の強制収容所である。いわゆる、第二次世界大戦中のナチス・ドイツが、「ヨーロッパ・ユダヤ人の抹消」を合理的に遂行した「人間否定」の行為である。ちなみに、この「ホロコースト」の原意は、ギリシア語ですべてを「丸焼きにした」との意味である。ユダヤ人の総死者数は、一説に五百万人から六百万人にのぼるとも推計される。

今日、このような「他者抹殺」の事例は、この「ナチス・ドイツホロコースト」の例にとどまらない。広く、歴史上の戦争を介した「追放の強制」や「虐殺の存在」にも目をとめる必要があろう。無論、日本が浴びた「原爆ホロコースト」の受難も、その巨大な一隅をしめる。

さらに、今日の「二十一世紀の問題」として、新たに深刻な事態が押し寄せている。第一線の宇宙物理学者として著名なマーティン・リースは、長期的な未来像として「人類文明終焉」のシナリオを描いている。二十一世紀の脅威として、たしかに現前に広がる核拡散や地球温暖化という難問もあろう。しかし、いまや人間自体が生みだす「予想外の顚末《てんまつ》」を迎えようとしている。

とりわけ、近年の高度な科学・技術知識の普及や核の闇市場出現は、他ならぬ非国家的なテロ組織や個人に強大な力をあたえかねない。また、有害なウイルスをばらまく「バイオテロリズム」への懸念も深い。この「新たな冷戦」ともなる事態は、個人による偶発的な大惨事や人類の滅亡をも予測させる。まさに、二十一世紀の画期性として「地球史上最大の危機」を告げている、といえよう。

総じて、二十一世紀の文明史的な位相は、これまで人類が達成した多様な遺産を全体として問い直す位置にある。いわゆる、「人類文明史の折り返し点」ともいうべき大転換期にある。その現代の光景は、現代哲学の最高峰ともされるK・ヤスパースの「第二の枢軸《すうじく》時代」とも、またキリスト教の『新約聖書』に暗示される「第二の黙示《もくし》録《ろく》の時代」とも称されよう。他面、仏教思想の運命的な歴史観である「末法《まっぽう》思想」にも、一脈通じるものがあろう。いずれも、人類史上の精神的な開眼として、全世界史の地平から終末的な危機と救済の意味を明かしている。さらに、人間の根源的な反省と自己超克を呼びかけている、といえよう。

今日、文字通り一つの「地球文明の時代」を迎えている。まず、人間集団の限りない「欲望と闘争」の情動を抑制し、すべての人類を結ぶ「共生と平和」への英知が希求される。その新たな探究として、これまでの偏狭な自己中心性をこえる、巨視的な視座と究極的な意味への問いが不可欠となろう。

トインビーの戦争観

よく「トインビーには二つの主著がある」といわれる。いわゆる、二十世紀の名著として名高い『歴史の研究』（全十二巻）と、不動の声価を博した『国際問題大観』（全十七巻）の大著である。いわば、前者の「歴史的関心」と後者の「現在的関心」をつなぐ知的協奏が、新たな世界史像を育む一大交響曲となる。しかも、両著の刊行は、いずれも二十世紀の「二つの大戦」を契機としている。なお、トインビーの戦争観を凝縮した著書として、A・V・ファウラー編の『戦争と文明』（一九五一年）がある。もっとも、トインビーの戦争観は、その後に進行する現実の「中東戦争」や「ベトナム戦争」にも投影される。とくにトインビーの論評は、いずれも世界史的な視野に立つ純粋な正義感を基調としている。その卓抜な分析と弱者の声を代弁する建設的な提言は、まさに「二十世紀の良心」として大きな注目と期待を集めた。

『戦争と文明』(1951年)

一先ず、トインビーの戦争観について、主要な論点を検討しよう。まず、戦争の歴史的な定位としての「文明の挫折」論である。じつは、トインビー自身が述べるように、主著『歴史の研究』の執筆動機は、かつて世界中を席巻した「西欧文明の前途」を案じたものであった。いわば、歴史的な諸文明の興亡を見わたす「段階論」として、最初に「挫折と解体」の要因に注目した。つぎに、文明の「発生と成長」の道程を跡づけながら、その全体像を解明したといえよう。

ところで、これまで諸文明の「生の可能性」をはばみ、やがて「死の門」へと追いこむ最大の挫折要因が、じつは人間の「戦争」という制度であった。事実、これまでトインビーの「文明表」に登場する二十一文明中の十六文明が、やはり戦争を媒介として挫折から解体の道をたどっている。

では、なぜ戦争が文明挫折の主因となるのだろうか。一説には、プロシア軍の参謀総長モルトケのように、戦争こそ人間の高貴な美徳を発揮し、強大国家の誕生を約束するとの讃歌を見ないわけでもない。

トインビーは、戦争の宿命的な病根として、とくに「軍国主義」（ミリタリズム）の自殺性をあげる。戦争とは、軍事万能の精神であるミリタリズムを中心とする制度である。この武力的なミリタリズムの跋扈《ばっこ》こそ、じつは文明の正常な成長をはばみ、死の亡霊をまねく誘因である。その歴史的な実相は、つぎのような属性から推察できよう。

第一は、「自己拡大の無限性」である。第二は、「人間性の無視」である。第三は、「文化活動の萎縮」である。いずれも、戦争の本性と命運を刻む「剣をとる者はみな剣で亡びる」（「マタイ福音書」）という命題に帰着する。今日でも、戦争の惨禍《さんか》と破局的な体験が、基本的な人権と人格変化におよぼす影響を見おとすことはできない。

「文明の共存」に向けて

つぎに、トインビーの戦争観をめぐる大きな論点として、二十一世紀のゆくえを問う「世界国家論」がある。今日、人類史上初めての「地球文明」の時代を迎えている。他方、人類の生存を脅かす「地球的な問題群」がある。両者が交錯する中で、世界の人びとを結ぶ「一つの世界」の構築は急務の課題であろう。いわゆる、著名な国際政治学者S・ハンチントンが提示した「文明衝突説」をこえる、新たな「文明共存説」の開示である。

とくに晩年のトインビーは、核戦争による「集団自殺」を避ける道として、歴史上の基本的な潮流を総観しながら、新しい「世界国家」への構想を練っている。その探究は、戦争の実証的な研究としての「戦争と平和」の循環論や、歴史上の命運を分かつ「分化と統合」の変動論等を基軸としている。その総合的な観察を通して、未来の望ましい世界的な共同性と平和価値を築くことになる。

ところで、トインビーが描く「世界国家の青写真」はどうであろうか。その骨格は、およそつぎのようになろう。第一は、来るべき「世界国家」をになう市民としての要件である。現に、世界をまたぐ華僑のように、少なくとも「世界をこえる存在」として活動する「ディアスポラ」（離散体）が重視される。第二に、世界国家を支える社会構造としての条件である。それは、従来にみる「国民国家」の垂直的な支配構造と異なり、むしろ新たに国境をこえるＮＧＯ（非政府組織）のように、宗教的、文化的、職業的な横の連携を深めた水平的なものである。第三に、歴史的な共存事例としての「ミレット制」（宗派別・宗教共同体）の再点検である。かつて、オスマン・トルコが、非イスラーム教徒に約束した「統合的な共存のシステム」の再評価である。

総じて、未来の「世界国家」像は、このようなミレット制に連結するディアスポラの価値志向と居住条件を基調とすることになろう。いま、新たに二十一世紀の人類共生と地球政治的な課題が問われている。トインビーが、いち早く比較文明学の帰結として示した「世界国家論」の構想に学ぶ刺激と価値は大きい。

今後、これらの「新しい世界秩序」の出現は可能だろうか。その一動向として、たとえば「欧州連合」(EU)の「不戦の志向」や脱国家的な世界秩序の試みがある。さらに、オバマ米大統領は、核兵器を使った唯一の国としての道義的責任を明らかにし、世界に向けて「核なき世界」のメッセージ(二〇〇九年)を発した。この「プラハ演説」は、少なくとも明日の小径《こみち》を照らす「希望のそよ風」となろう。現に、米国の「核軍縮条約」も発効している。

他面、日本が果たす役割も大きいといえよう。まず、身近な自己批判として、第二次世界大戦中にアジアで犯した植民地化や異文化抹消の責任は重い。さらに、日本は人類唯一の原爆被災国であり、また世界に先駆けた「平和憲法」の制定者でもある。とくに、戦争放棄を定めた「日本国憲法」(第九条)の世界史的意義について、トインビーは「人類の未来の希望」との熱いメッセージを寄せている。また、核なき世界を先取りする「非核三原則」や、武力紛争に歯止めをかける「武器輸出三原則」も設けている。

このような、日本の「受難と希望」の体験は、きっと未来を導く貴重な資産となり、現実の難問に挑む新たな礎《いしずえ》ともなろう。申すまでもなく、二十一世紀の地球共生と平和への道は、いま深遠な「人類と母なる大地」の命運をかけて、わたしたち一人ひとりの「人間の責任」として問われている、といえよう。

「地球環境問題」の暗雲

地球からの警告

これまで、人間の生命を豊かに育んできた地球の未来が、いま果てしない危機にさらされている。その「病める地球」の症状は、一連の国境をこえる「地球的な問題群」として、焦眉《しょうび》の国際的な課題ともなる。とくに、身近な生態的問題群として、気候変動をはじめ、環境汚染、資源枯渇、種の絶滅等の問題がある。いずれも、自然そのものの変動というより、むしろ人間の貪欲《どんよく》に対する信仰と乱開発による「負の遺産」ともいえよう。いわば、人類の飽くなき野望と繁栄が、その住処《すみか》である生態系を破壊し、今日の「地球環境問題」を呼びこんだ、ともいえよう。

もし、現在のような人類本位の乱調がつづけば、その行く末はどうなるであろう。やがて、地球上の三千万種ともいわれる生物の四分の一が姿を消し、さらに世界の肥《ひ》沃《よく》な土壌の三分の一が不毛な地と化す、との予測もある。また、世界的な水不足の危機も、きわめて深刻である。いまや、人類そのものの存亡の危機が囁《ささや》かれつつある。このような地球および生命圏の未来を救うには、どうすればよいか。とくに、「地球との和解」を目ざして、新しい「自然契約」説をふくむ未来的な展望と倫理が不可欠であろう。今日の「地球環境問題」が、とりわけ「二十一世紀の最大課題」とされるゆえんである。

かつて、世界を震撼《しんかん》させたローマ・クラブの『成長の限界』（一九七二年）は、人類の未来に「終末予告」をつきつけて大きな反響を呼んだ。すなわち、もし現在のような人口の増大や食料不足、さらに資源枯渇や環境汚染等がつづけば、おそらく二十一世紀の半ばに人類は挫折するとの診断である。もっとも、今日の先進諸国が自ら播《ま》いた種としての責任も免れない。しかし同書が、とくに今日の重大な危機を回避するために、全体としての「地球の限界」を科学的に査察し、その後の真摯《しんし》な探究をさそった意義は大きい。

早速、翌年には同書をめぐる欧米識者の証言集『明日の地球世代のために――「成長の限界」をめぐる世界の知識人71人の証言』（一九七三年）が刊行された。ここには、世界を代表する一人として、トインビーも名を連ねている。

そのトインビーのメッセージは、新たな人生の目的や理念に対する根本的な変革を求め、とくに「聖フランチェスコの精神」にかえることを説いている。聖フランチェスコ（一一八二頃～一二二六年）は、イタリア・アッシジの裕福な商家に生まれた。一時は放縦《ほうじゅう》な青年時代を過ごすが、やがて「天啓」をうけ、敬虔《けいけん》な清貧の道をたどり聖人となる。とくに、その若き日の人生の苦悩と岐路《きろ》において、眼前に広がる物質的な富よりも、永続する精神的な富を選んでいる。トインビーは、その物質的な快楽から精神的な歓喜に向かう英知と行動をたたえ、未来を生きる次世代への教訓としている。

ところでトインビーは、現在の大きな難局をこえる「二つの観点」をそえている。第一は、新たに人類存続への英知と努力を結集し、自らも歴史的な検証と可能性を描く「世界国家」の創設である。第二は、生命圏の多様なる共存の秩序に学び、人間存在をその生物共同体の一員と自覚する「人間観」の変革である。

ここで、トインビーの比喩を用いよう。もし地球の歴史を一年間に縮めるなら、「人類は、十二月三十一日の二十三時五十六分ごろに生まれ、また文明らしきものが誕生したのは、新年へあと約五十秒前の時点にすぎない」ということになる。また、『旧約聖書』(「ヨブ記」、三八―四)に照らせば、「わたしが大地を据えたとき、おまえはどこにいたのか」との問いとなる。あらためて、人間の立地が、広大な宇宙の微小な存在であることに留意したい。

トインビーの地球環境論

一般に、地球環境問題への国際的な関心は、一九七〇年代の初頭に見られる。たとえば、このローマ・クラブの提言をはじめ、国連主催の「人間環境会議」（ストックホルム、一九七二年）等が起点となろう。その意味で、トインビーの究明は先駆的な位置にあり、しかも独自の「文明起源論」や「文明解体論」等を織りこんで多彩である。すでに、主著『歴史の研究』（第十二巻、一九六一年）では、「人口、食料、環境問題」を集約する都市問題に言及している。さらに、つぎの『図説・歴史の研究』（一九七二年）では、「核兵器、人口爆発、自然資源」等の中心課題から、新たな「世界国家」の構想が示されている。その他、最後の日本訪問（一九六七年）の折には、まだ無限の経済成長を謳歌する世相の中で、いち早く「公害問題」の重大性を語っている。総じて、晩年のトインビーの思索は、破局に向かう人類史への危惧と救済の方途にあったともいえよう。

つぎに、今日の「地球環境問題」に対するトインビーの見解はどうであろう。まず、根本的な問題として、新たに「倫理性の断絶」（モラリティ・ギャップ）という概念を提示する。それは、人類史上の物質的な側面と精神的な側面にうごめく、不調和な発展を意味している。

この大いなる「外なる世界」と「内なる世界」の断絶こそ、じつは地球環境問題をはじめとする「現代の危機」の本質をなしている。その増大こそ、人類を破滅にさそう最大の要因である。問題の真の解決には、何よりも事態の根本的な把握と巨視的な解明が必要であろう。

このようなトインビーの論旨は、すでに著書の『回想録』(一九六九年)や『未来を生きる』(一九七一年)等に見ることもできよう。前者は、今日の科学技術の異常な発展への疑念として、また後者は、未来の若い世代が生きのこる可能性の探求として展開される。

さらに晩年のトインビーは、広大な宇宙論的な視座として、人間も一員とする「生命圏」の設営から独自の診断を下している。この「生命圏」(バイオスフィア)とは、著名な古生物学者でカトリック司祭でもあるティヤール・ド・シャルダンの造語である。いわゆる、「地球の球体を包む、陸地・水・大気からなる薄い膜」を意味する。申すまでもなく、人類もその薄皮のような生命圏で誕生した。しかも、その全体の容積と資源は限られている。

トインビーの関心は、この人間生命の基盤である生命圏が、いまや急激な科学的な知識と物質的な力の洪水に見舞われて、生息不能な荒地に化そうとする点にある。とりわけ近代文明は、地球資源の収奪と浪費によって、人類の生存を危うくしている。そこで、人類史上の「生命圏と人間」の関係をあとづけながら、あらためて人間の功罪と運命を究明する。

人類の歩みは、およそ一万年前の「農業革命」より、自らの生存を保つために自然環境を切り拓いてきた。とくに、十八世紀後半の「産業革命」は、人間の生命圏に対する支配を決定したともいえよう。その人間中心主義の凱歌《がいか》は、一面、たしかに科学技術の進歩と経済の拡大を促し、多大な恩恵を授けることになった。他面、この「自然への謙譲《けんじょう》」を欠いた逆転劇の代償も大きかったといえよう。とりわけ、今日の生命圏に対する収奪的な支配と破壊の影響は、自然と人間の調和を欠いて精神的な空洞化をまねき、自ら「種の保存」を危うくしている。

自己変容の途を求めて

今日、「かけがえのない地球」の自滅を防ぐには、やはり人間の強欲な自己中心性をこえねばならない。新たに、「自己犠牲と物的禁欲」への改宗と努力が不可欠であろう。それは、かつて仏陀やキリストといった世界宗教の始祖たちが、身をもって範を示した精神的な遺産でもある。申すまでもなく、人間存在の証しは、自ら自由意志をもち、また選択能力を行使する点にある。その人間本来の良識と決意が甦《よみがえ》るとき、おそらく二十億年とも推測される残余の「生命圏」と共存することになろう。

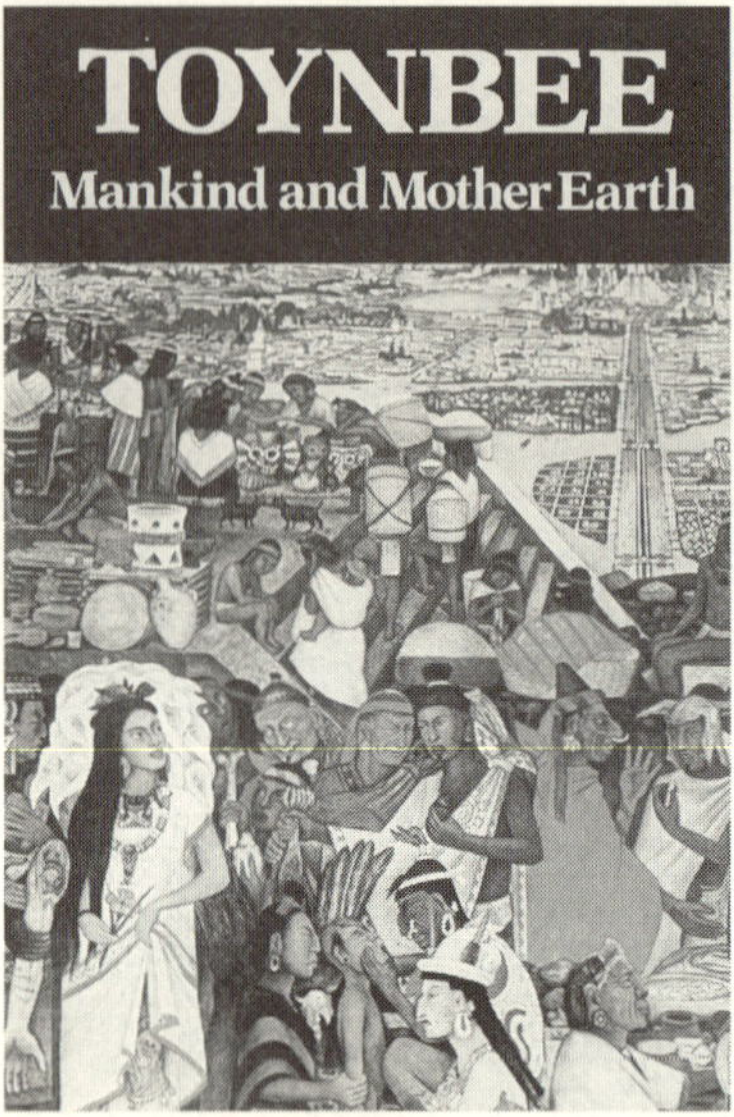

『人類と母なる大地』（1976 年）

　トインビーの遺著ともいえる『人類と母なる大地』（一九七六年）は、つぎのような「二つの言葉」

で結ばれる。すなわち、「人類は、母なる大地を殺すのであろうか。それとも救うのであろうか」、「母なる大地の子である人間は、仮に母を殺す罪を犯すなら、それ以後生きのこることはないであろう」と。トインビーが、人生の最後にのこした命題と警句である。

今日、地球環境問題は、現代史の重大な挑戦として、まさに「地球規模の安全保障」問題として浮上している。さらに、宇宙全体へのまなざしから、たんなる地球環境だけでなく「人間環境の問題」として大きく問われている、といえよう。その望ましい解明と方位は、およそつぎのようになろう。まず、自らの自然観や世界観にかかわる根本問題として捉え、さらに広く人類文明史の歴史的な検証から、人間と自然が共生する「新しい文明」の創造を目ざすことである。

トインビーの地球環境問題への省察は、まさに主著『歴史の研究』のアルファであり、またオメガとしての重みをもっている。その知的結晶は、広大な世界史的な視野から「文明と環境」の深淵に踏み入り、二十一世紀の人間と文明のゆくえを問いかけているといえよう。

ちなみに、最晩年の「一九七三年の回顧」録では、少なくとも人類が、豊かな生命圏の「悪しき種族」となる汚名を返上し、後世に「知恵ある種族」として銘記されることに一縷《いちる》の望みを託している。この、先例のない未来の挑戦に対して、いま一人の人間としての「自己変容の途」が問われている、といえよう。

「爆発する都市」の脅威

現代の都市問題

今日、とくに「人類共通の未来」への不安が深まっている。このような世界的な危機感は、すでに一連の国連会議として、「人間環境会議」(ストックホルム、一九七二年)をはじめ、「国連人間居住会議」(バンクーバー、一九七六年)の開催および「国際居住年」(一九八七年)の設定等にうかがえよう。とくに、今日膨張する「都市化」現象は、危機の本質を告げる大きな問題である。さらに、大都市へと集中する「人口爆発」は、今日も増加の一途をたどり歯止めがかからない。

ちなみに、国連統計による世界人口（二〇一一年）は七十億人に達し、今後二〇五〇年までに九十三億人、二一〇〇年までに百億人をこえるとの予測もある。この膨大な人口増加は、まず居住地の急速な拡大によって自然の生態系を破壊した。さらに、身近な食料問題やエネルギー問題等にもつらなり、やがて動植物の存続にかかわる温暖化や気候変動を生みだす元凶ともなる。まさに都市問題は、人類の未来を脅かす「全地球的な問題」であるといえよう。

まず、トインビーと一見疎遠にも見える「都市論」とのかかわりを一瞥《いちべつ》しよう。その端緒を開いたのが、「二十世紀最大の都市計画学者」と称されるC・ドキシアデスとの出会いと交流である。じつは、このドキシアデスを中心として、一九六三年以来、夏の訪れとともに、ギリシアのアテネで「デロス集会」が開かれている。いわゆる、人間の居住と都市のゆくえに不安と危惧をいだく世界的な思想家が集まり、広く学際的な討議を重ねている。その錚々《そうそう》たる顔ぶれの中に、トインビーの姿もある。また、日本からは都市社会学で名高い磯村英一氏が参加している。

とりわけトインビーは、ドキシアデスの「予測と警告」を支持しながらも、独自に世界史的な観察と展望を示した点で注目される。他面、トインビーの未来都市論として、日本への関心と期待も大きい。

もとより、トインビーの世界史学（とくに比較文明学）にとって、都市の問題は深い関係がある。まず、その学問名に冠する「文明」とは、ラテン語の「市民」や「都市」という言葉に由来している。すなわち、都市における市民の政治的および法律的な権利と、その洗練された教養等を意味する。その都市が宿す一定の総合性と普遍性という特性が、やがて文明の内実とかたちを整える。いわば、文明の成立条件として、都市の形成は大きな比重をしめているといえよう。その代表例は、歴史上の「大河文明」として

『爆発する都市』（1970年）

名高いシュメール、エジプト、インダス、黄河文明等の誕生に見ることができよう。

じつは、トインビーが手がけた「文明」の比較研究も、このような歴史上の「都市」の比較研究を基底にしている。また、その都市論の深層には、文明の起源につきそう悪の病巣と罪業を正し、人類共存への未来をひらく熱いまなざしがある。なお、トインビーの都市論として、その代表作とされる『爆発する都市』（一九七〇年）および『都市の運命』（編著、一九六七年）等がある。とくに前著について、西洋建築史の専攻でトインビーに造詣《ぞうけい》の深い桐敷《きりしき》真次郎氏は、「発想転換のための、全国民の必読書」としている。

トインビーの都市論

ところで、トインビーの都市論は、まず今日を見舞う「都市爆発」の歴史的な解明からはじまる。いわば、都市形成の歩みと機能について、世界史的な視野から追跡する。とくに、近代の「産業革命」を境界とする新・旧都市の断絶に危機の本質を読みとり、さらに未来の「世界都市」への展望を図ることになる。ここで、トインビーの都市論について、おもな論点を点検しよう。

まず、「都市と農村」の関係である。トインビーによる都市の概念は、一応経済面からみればつぎのようになろう。すなわち、一定地域の住民が「その境界内部で必要な食料の全部を調達できない、人間の居住地域」を指している。いわば、居住民の非農業的な活動を一つの特徴とする。

このような都市にみる食糧生産の限界は、一面「都市と農村」の区別とともに、他面、農村に補給をあおぐ「親密な関係」を深めることにもなる。逆に、農村に対する都市の代償は、広義の「加工品とサービス」の供与となる。とりわけ、これまで都市の維持と生命は、大きく交易に依存している。その中心舞台となるのが、都市に設けられた「市場」である。この市場こそ、今日の高度で複合的な交易機構の母体ともなる。

しかし、「産業革命」を転機に、これまでの「都市と農村」の関係が大きく変化する。とくに、商工業を中心とする生産技術や輸送手段の進展は、都市人口および面積の急激な拡大をもたらした。それは、今日におよぶ「都市の優位」に拍車をかける契機ともなる。ちなみに国連統計によると、もはや都市人口が農村人口を上回り、さらに二〇五〇年には世界人口の三分の二が都市居住者になると予想している。

このように、近代の産業都市（機械化都市）の出現は、いかにも快適な「都市への誘惑」とともに、一連の険悪な「都市問題」をかかえることになる。トインビーは、この新たな近代都市の欠陥として、とくに伝統的な歴史記憶と精神的な遺産となる「社会的および文化的な価値」の喪失をあげる。いわゆる、画一的な「都市の非人間化」への危惧である。

さらに、世界的な工業化とともに膨張する都市は、隣接する主要都市を連綿とつなぎながら、やがて「巨大都市」（メガロポリス）へと変貌する。日本を例にとれば、ちょうど東京から名古屋をへて大阪にいたる「東海道メガロポリス」の形成となろう。このような、都市形態の革命的な変化は、伝統的な農村人口を大量に吸引し、さらに田園地帯との接触を失いかねない。また、多くの居住環境の悪化と人間の社会的な孤立という、精神的な疾患を助長することになる。

かつて、ローマの詩人・ウェルギリウスは、自分が生まれたローマを「世界でもっとも愛すべきもの」と高らかに謳《うた》っている。近代都市の住人に、はたしてそのような誇りや愛情の感情がつのるだろうか。このトインビーの疑念は、やがて未来の全人類的な希望を秘めて、新たな「世界都市」(エクメノポリス)の構想にいたる。いわゆる、世界を空路や海路で結ぶ「巨大都市」の連続体である。すでに、二十一世紀にその予兆を見ることができよう。

トインビーは、もはや不可避な「世界都市」の課題として、つぎのような課題をかかげる。第一点は、「世界都市のつくり手である人類が、はたしてその主人公になるだろうか、それとも犠牲者になるだろうか」との点である。第二点は、「われわれ代々の子孫が住むべき世界都市に、人間の尊厳性を守るための行動を、いますぐおこすかどうか」の点である。

もし「世界都市」の成立が、自然のなりゆきのままに放置されたら、一体どうなるであろうか。おそらく、急迫する「人口・食料問題」をはじめ、交通難や貧困問題さらに環境汚染や犯罪といった深刻な社会不安が訪れるであろう。今日、そのような最悪の事態に陥る前に、未来都市の居住条件を改善し、さらに人類の平和と存続を保証する指針と対策が重要となる。

　そこでトインビーは、世界都市の基本構想として、まず政治構造の改変に着手する。とくに、自己びいきのナショナリズムをこえねばならない。その惰性や権威をこえる、新たな「世界国家」の創設を提唱する。すなわち、かつてギリシアの歴史を染めたような「都市の神格化」や、近代の国民国家が猛進した「国家崇拝」といった偶像をこえる必要があろう。

　現に、これまでかたく信奉された国家主権と国境の壁は、空間的には交通機関の発達によって、また時間的には情報化社会の到来によって克服されつつある。また、多くの「世界都市」は、すでに国境をこえて多彩な活動をしている。トインビーは、いまこそ主権国家の良識として、かつて全人類への精神的な使命を掲げた「アメリカの建国精神」を呼び覚ますように促している。そのような、新しい世界都市を介して、やがて「世界国家」への道を築くことに大きな期待を寄せている。

「未来都市」のゆくえ

他方、トインビーは、未来の「世界都市」に対する具体的な対策を講じている。まず、巨大な世界都市への不安と緊張を解く努力が必要であろう。現に、世界各地で人工的な巨大環境や複雑な構築物が建設されている。その中で、ややもすれば「人間の身体性と感性」を忘れがちである。そこで、都市の支柱となる人間性とその共同生活を守る「人間的な都市」づくりとして、新たに「都市コミュニティ論」を提唱している。

また、公害にさいなまれる交通輸送問題の救済策として、個人の車より公共の交通機関に優先権をあたえる。一例として、ヴェネツィアの先例をあげる。いわゆる、今日主唱される「ライド・アンド・パーク」方式のいち早い実践である。同時に、将来にわたる移動能力の保護として、とくに鉄道を重視する「新交通論」の提言も興味深い。そのほか、世界的な資源の有限性を自覚する新たな「精神的な目標」の定立をはじめ、貧しい「小屋の町」（スラム）を救済する優先的な住宅建設等がある。

今日、世界的な工業化や環境問題を背景として、未来都市の「死と生」をめぐる問題点も多い。はたして人類は、これらの巨大な「世界都市」の挑戦を克服できるだろうか。トインビーは、これまでの歴史的な教訓に照らして、つぎのように回答する。人類は、新石器時代の初頭に「農業革命」という「最初の偉大な革命」を成就した。この同じ人間の英知と積極的な対策によって、未来の「世界都市」に対応する人類的な目標や生活様式の変革は可能である、と見ている。

以上に垣間《かいま》見たトインビーの都市論に対し、いくつかの争点や批判があることも否めない。中でも、都市の再編と再生の可能性について、巨大都市の出現を「都市の崩壊」とするL・マンフォードのような厳しい批判も無視できない。また、トインビーが、今後の都市対策として引用する西欧の小都市や開発途上国の条件で、今日の大都市を分析できるかという疑問ものこる。

しかし、世界都市の出現は、いまやコンピューター・ネットワークでつながる「超都市」（ハイパービレッジ）が登場するように、歴史の否定しがたい潮流でもある。しかも、グローバル化時代の都市の行く末は、将来の命運を定める大きな関心事である。

トインビーの都市論は、「流動する都市」の危機という現実認識に立っている。しかも、人類史的な視点から、都市問題の本質的な意味と課題を真摯《しんし》に探究している。その広大な思索と具体的な提言は、きっと二十一世紀の「都市再生」を考える貴重な指針となろう。他面、来日したトインビーに「密室恐怖症」をあたえ、いかにも対症療法的で普遍的な観点に乏しい日本都市政策の再考を促している、ともいえよう。

「グローバル化」の明暗

「顔の見えない」グローバル化

今日、「グローバル化」あるいは「グローバリゼーション」という言葉が、一種の流行語となって飛び交っている。しかし、その意味は、まだ多用と濫用の渦中にあり、かならずしも「共有された定義」をみない。

一般的な意味では、さしずめ一九七〇年代にはじまる経済・技術の国際化や、西側諸国およびアメリカ主導の世界市場化を指すことになろう。もっとも、広義にみた「グローバリゼーション」の原像は、人間本来の「移動する人間」(ホモ・モビリタス)とその地理的な拡大を基本としており、それ自体を悪とするものではない。少なくとも、その基本概念は、「一つの全体」としての世界認識である。さらに、今日的状況としての「世界の一体化」から、とくに国家をこえる相互関係の望ましい調和と進展を期するものであろう。

現に、経済の自由化や情報技術の発達等により、ますます世界の相互依存性が深まっている。いわゆる、「グローバリゼーション」の急速な進展をみている。もはや、かつてのように主権や領土概念に加護された「神聖不可侵の国境」もしだいに失せ、自由な人口移動や情報交換も可能になった。つまり、これまでの「一国の国際化」といった、国家主体の世界参加や伝播《でんぱ》とは趣《おもむき》を異にしている。

反面、現代世界の情景は、とくに西欧およびアメリカ等の先進国の経済戦略として、世界市場の独占化と一元化を濃くしている。いわば、冷戦型イデオロギーの残像ともいえる、強者の「力の論理」を盾《たて》とする「一つの価値」の支配と強制がひそんでいる。

ここに、世界大の「同質化」と「多様化」の波に揺れる対抗形態が生まれる。現に、「グローバリズム」と「反グローバリズム」をめぐる激しい闘争として展開されている。

他方、この緊急事態に際して、国連が唱導する「人間の安全保障」問題が登場する。この新しい理念は、国連開発計画の「人間開発報告」（一九九四年）として発表されたもので、現下のグローバリゼーションを一因とする「人間と地球」の破壊に対する告発でもある。

いまや、国家主体の軍事的な安全保障だけでなく、人間中心の視点に立つ包括的な安全保障の概念と方策が求められる。それは、これまで先進諸国が強行した経済重点主義に対する異議申し立てである。とくに、人間の生存や尊厳性等の深まりを期した「人間の顔をしたグローバル化」への目標転換である。この「人間の安全保障」の遂行は、日本外交に課せられた重要な任務の一つでもあろう。また、二十一世紀の平和構築に向けた最大の挑戦であるともいえよう。

トインビーのグローバル化論

つぎに、トインビー独自の「グローバル化」論に注目しよう。トインビーは、新たな比較文明学の視座から、まず世界史的な諸文明の変動と命運を探究する。その畢生の大著『歴史の研究』(全十二巻)は、文字通り「人類の歴史を一つの全体」として鳥瞰する壮大な知的挑戦であった。いわば、今日世界をとりまく「グローバリゼーション」の歴史的な位置づけと、新たな海図の作成である。

とりわけ、今日のような大変動期には、全体論的な視点と解明が不可欠である。ちなみに、アインシュタインの格言を準用すれば、これまでの「科学上の偉大な発見も、より包括的なヴィジョンへの冒険を試みた人物による」ともいえよう。

ところで、トインビーは、現状の「グローバリゼーション」を予見するかのように、いち早い問題提起を行っている。第一点は、近代にみる「世界の合一化」とその歴史的展望である。その基本文献となるのは、『試練に立つ文明』(一九四八年)である。同書の主題は、広く世界史上の文明形成から、今日の世界の一体化と命運を究明することである。とくに、広範にわたる「西洋化」の盛衰と新たな非西欧文明の台頭を検証する。さらに、将来の人類存続に不可避な「世界国家」の構想を練ることになる。このように、新たな世界史の転換問題として、自ら「ヨーロッパの矮小化」をあとづけ、「未来を生きる」方位を展望する視点は重要である。

他面、トインビーは、この「世界の合一化」の明暗と課題について、独自に精神史的な観察をそえている。いわゆる、近代の開幕となる大航海時代の「ヴァスコ・ダ・ガマ以後」の根本的性格に言及する。それは、いまや現実となる物理的な「距離の絶滅」と、精神的な価値を分かつ「モラリティ・ギャップ」(倫理上の断絶)の問題である。いわば、今日の「世界の一体化」は、あくまでも「産業革命」によるのであって「精神革命」ではなかった、といえよう。そこに、いわば「最高のコミュニケーション」が、同時に「最大のディス・コミュニケーション」をもたらすという矛盾と悲運がある。トインビーは、この深遠な断層こそ、現代文明の危機の本質であるとして、その拡大を人類破滅の最大要因としている。

歴史的に追跡してみよう。一方は、近代科学や技術の加速度的な進展として、「産業革命」から「運輸革命」、「電力革命」をへて、さらに今日の「原子力革命」にいたる。他方の精神史的な基盤は、かつて「高度宗教」の始祖たちを輩出した時代や、カール・ヤスパースの命題となる「枢軸《すうじく》時代」に較べて後れをとり、むしろ退化している。現に、このような生産力の画期的な上昇は、逆に破壊力の未曾有の増大ともなった。

トインビーは、かつて「不朽のローマ」の崩壊が、他ならぬ「精神的な支柱」の喪失にあったという教訓に学びたい、と説いている。今日、過度なグローバリゼーションの軌道修正として、新たに人間性の回復や価値解釈の変更が求められる中で、トインビーの視点を黙過することはできない。

『現代が受けている挑戦』(原題『変化と習慣』1966年)

第二点は、「一つの世界」を主題とする「世界国家論」である。それは、これまでの歴史的な教訓に照らした未来的展望である。その具体的な青写真は、すでに『現代が受けている挑戦』(原題『変化と習慣』一九六六年)に見ることができよう。いわゆる、人類存続の現実的な要請としての、新たな「世界国家」の歴史的な回顧と展望である。トインビーは、まずこれまでの歴史上に見る「分立性」と「統合性」という二つの潮流を再点検する。その新たな探究として、全人類の希望と救済を統合する「世界国家」の可能性と道程が描かれる。はたして人類は、自らの命運を賭《か》けた「初めての実験」に成功するであろうか。いま、トインビーの「歴史の知恵」と熱情に学ぶ意味は大きい。

「グローバル危機」をこえて

今日にみる「グローバリゼーション」の進行は、世界の不均等な発展から、新たな差別と序列を生んでいる。いわゆる、「開かれた社会」の極端な変形と危機をまねいた。とくに、アメリカのグローバル覇権や一極支配構造のもとに、過度の市場万能主義や競争主義の罠《わな》に陥っている。

その結果、一連の「地球規模の問題群」が登場し、世界的な資源枯渇や貧困・飢餓問題さらに環境汚染や気候変動等の異変が押し寄せている。また、所得の格差や貧富の格差の増大は、諸種の葛藤や紛争を広げている。いわば、「自己」を支える「他者」の存在をないがしろにし、人間の心の絆や共同生活を脅かしている。他ならぬ、人間自体の総体的な不安状況を告げる「グローバル危機」の到来である。

この「グローバル危機」の全体像は、すでに国際政治学者の武者小路公秀氏が人類史的な危機として描いている。いわゆる、たんなる「政治・経済」上の危機（五百年）にとどまらず、さらに「文明」の危機（五千年）から「生活・生命」の危機（五百万年）にまで遡及《そきゅう》する。いわば、時間系列の異なる「三つ巴《どもえ》の危機」が、同時に進行するという前代未聞の事態である。

事実、人類と生命圏の未来は、どうなるであろうか。現に、深い憎悪に満ちた戦争およびテロ行為の連鎖や、また自然環境の破壊と生態系の悪化等によって、他ならぬ「宇宙船地球号」の運行を危うくしている。眼前の「グローバル危機」は、広く文明史および生命史をも包む根源的な危機をはらんでいる。現代に課される最大の試練は、一面これまで人類文明史が営々と築いてきた「負の遺産」ともいえよう。

今後、とくに「グローバリゼーション論」の課題として、これまでの「近代主義」

や「経済主義」に偏らない多次元的な視点と、広く人類文明史を鳥瞰《ちょうかん》する巨視的な把握が求められよう。その有望な論鋒《ろんぽう》の一角として、まずR・ロバートソンの「宗教的アプローチ」にも注目したい。ロバートソンは、おもに宗教社会学の立場から、世界史上の歴史形成に果たす宗教的な超越価値の役割を重視する。事実、近代資本主義が誕生する「経済倫理」の側面を無視することはできない。

もう一つの高峰として、トインビーの「グローバル化」論がある。それは、「人間の自己革新」の問題として、これまで討議された「グローバリゼーション論」の究極的な課題ともなろう。あらためて、トインビーの全体的な考察と論点を省みるとき、その人類文明史上の巨視的な解明とともに、とくに人間存在の奥義を質《ただ》した意味は深い。

「文明間の対話」は可能か

国連の「国際年」テーマ

新たな二十一世紀の開幕は、周知のように国連の「文明間の対話年」（二〇〇一年）としてはじまった。その提唱者は、イランのＭ・ハタミ大統領（当時）である。第五十三回の国連総会（一九九八年）では、東西の壁をこえる満場一致の採択をみている。また、同総会で行ったハタミ大統領の演説は、いまも高邁な世界観と歴史観を秘める格調高いメッセージとして語り継がれている。

申すまでもなく、「国連」（国際連合）は、二十世紀の二度にわたる悲惨な世界大戦の反省から、一九四六年一月に発足した（成立は一九四五年十月）。その目的は、「国連憲章」の冒頭に謳《うた》われるように、「国際的な平和と安全の維持」（第一条）にある。いわば、全世界の平和を守り、各国間の友好関係を結ぶ「話し合い」の場でもある。

ちなみに、国連を象徴する「紋章」（エンブレム）は、平和の象徴であるオリーブの枝が世界地図をとり囲んでいる。現在（二〇一一年）の国連加盟国数は、今年独立した「南スーダン」が加わり一九三ヵ国である。

また国連は、国際社会がその年次に共通に取りくむべき「重要課題」を提示し、国連総会の決議をへて「国際年」テーマを設定している。たとえば、その端緒として「国際地球観測年」（一九五七年）がある。さらに、「国際婦人年」（一九七五年）以降は、具体的な行動計画を定めて世界的な注目を集めている。

ところで、ハタミ大統領が説く「文明間の対話」とは、どんな含蓄をもつのだろうか。ハタミ大統領は、イスラームの学識豊かな宗教指導者であり、とくに人間存在の根源的な同一性と歴史的な共同性への深い洞察がある。すなわち、人間の歴史的な営みは、表層を彩る多様な差異性にもかかわらず、その深層には相互の心に響きあう共通価値を宿している。それだけに、異なる文明間の痛みを分けた対話を通して、人類の和解と共生の道を開くことも可能である、と考える。

ハタミ大統領にとって、「対話」とは「真理へ到達し、他者を理解する最良の方法」である。さらに、「自己を語り、かつ他者に耳を傾ける」という聡明な努力こそが、人類の苦痛を癒《いや》し英知を甦《よみがえ》らせる。その対話の呼びかけと応答は、より広く社会および国際関係の領域でも有益な実を結ぶことになろう。じつのところ、「文明間の対話」とは、一先ず簡潔な表現を期した用法にすぎない。いうまでもなく、対話する主体は、それぞれの文明に生きる人びと、つまり人間である。その「対話」こそ、人間が行う独自の営みであることを想起したい。

このように、ハタミ大統領は、人間を結ぶ対話の精髄を明かし、「新しい文明」の創造に大きな期待を寄せている。その、現実的な解決をになう最初のステップが、唯一の世界平和機構である「国連」に託されることになる。

また、その背景には、有史以来最大の戦死者を数え、世に「戦争の世紀」と称された二十世紀の悪夢をこえようとする悲願がある。他面、今日の「時代気分」として、米国の代表的な政治学者S・ハンチントンが唱える「文明衝突説」の克服が課題となる。なお、この前年（二〇〇〇年）は国連の「平和の文化国際年」にあたる。いわゆる、人権の尊重にもとづく「暴力の拒否」および「対話と交渉」による積極的な「創造的平和」の理念が説かれている。

今日の「国連文明間の対話年」は、その基本目標をより広く、歴史的な現実にそって促進しようとしたものである。この新しい試みは、ユネスコ主導の「文化の多様性に関する世界宣言」（二〇〇一年）によって深化され、人類共存の可能性と具体的な指針が明示されることになる。

トインビーの国連観

ところで、このような国連の動向と課題について、トインビーの見解はどうであろうか。その主眼は、おもに未来の人類共存を目ざす「世界国家」の道程にそそがれる。第二次世界大戦後、世界史は新たに重大な局面を迎えた。いわゆる、巨大な原子力時代の開幕と、米ソの二大超大国が対立する「冷戦時代」の登場である。その至上課題は、申すまでもなく、全人類の生存を脅かす「第三次世界大戦」をいかに回避するかにある。もし、その最悪の事態に突入すれば、それこそ勝者も敗者もなく、自ら人類の破滅を招くことになろう。

歴史の教訓に学べば、かつてシルクロード貿易の覇権をめぐって、東西帝国の双璧である「ローマとパルチア」が死闘をくりかえしたことがあった。しかし、ローマ皇帝アウグストゥスは、賢明にもパルチアとの和議を結び、少なくともその後二十年間にわたる「平和な時代」を実現している。

米ソ対立による「不確かな平和」も、より確かな「恒久的な平和」に転じねばならない。そのためには、やはり超国家的な「世界国家」への移行が不可避であろう。トインビーは、一先ず米ソが共同参加する政治的な協力機関として、国連の存在価値に目をとめる。もっとも、今日の国連は、その創設当初の「正統性」がゆらぎつつある、ともいえよう。いわゆる、本来の「世界の中心」としての役割が、超大国による「自・中心化」へと変貌しかねない。

勿論、国連は、世界の安全保障を最終的に保証するものではない。しかし、少なくとも将来の「世界国家」が誕生するまで、「主権国家」と「国境」をこえる唯一の平和維持機構として不可欠の存在である。あるいは、NGO（非政府組織）との連携により、重要な役割を果たすであろう。現に、「人権尊重」の理念を国境をこえて実践した、難民などへの人道支援や国連の平和維持活動（PKO）を無視することはできない。

今後の課題は、その望ましい主導権のゆくえとともに、とくに現状の不安定な「対話」を真の世界的な「対話」へと脱皮できるかにある。このようにトインビーは、やや消極的な動機ながらも、現実の有効な国際機構として国連の重要性を述べている。

なお、国連のウ・タント事務総長（当時）は、一九六九年に「国連大学」（国際連合大学）の創設を提唱した。いわゆる、「人類の平和と発展」という国連の趣旨をくむ国際的な学術機関である。とくに、二〇〇一年には、国連と歩調をあわせて「文明間の対話国際会議」（東京・京都）を開催している。この会議には、国連大学のグローバルなネットワークを反映して、世界各国から多分野にわたる研究者や専門家が出席し、南北間の熱い討議を交わした。

その中心課題の一つは、「人間共通の価値観」（グローバル・エトス）の構築であった。かつてトインビーは、若泉敬氏との対談『未来を生きる』（一九七一年）の中で、この国連大学に言及している。いわゆる、これから国際的な理解と友好を深める教育機関として、その「将来性のある計画」を高く評価している。もっとも、国連大学の本部および研究施設の設置は、当初トインビーが予測したオランダやカナダでなく、日本の東京（一九七五年）となった。

さらに、国連が主唱する「文明間の対話」は、新たな世界秩序の再編成として、トインビーの「世界国家論」にかかわる。いわゆる、先のハンチントンの「文明衝突説」に対する「文明共存説」の提示である。

まずトインビーは、人類文明史上にたゆとう「二つの潮流」として、「分化性」と「統合性」の流れを総合的に検証する。たとえば、一方の「分化性」の今日的な形態がナショナリズムである。また他方の「統合性」の火急な要請が「世界国家」となる。いまや、「原子力エネルギー」の世界的な管理も不可欠であろう。いわば、今日の「文明間の対話」は、これまで根強い「分立的な傾向」を、新たに「統合的な方向」に転化する画期的な試みである。

現に、「ヨーロッパの壮大な実験」とされる「欧州連合」（EU）のように、一主権国家をこえる「共生モデル」も大きく浮上している。今後、トインビーの豊かな歴史的知見と構想は、きっと二十一世紀の「文明間の対話」と「人間共通の価値観」を導く希望の海図となろう。

「人間共通の価値観」を求めて

ちょうど、トインビー生誕百二十周年（二〇〇九年）を迎えた折は、「国連国際和解年」の年でもあった。いわゆる、二十一世紀の新千年紀を飾る「国連文明間の対話年」から、すでに十年が過ぎようとしている。しかし、まだ平和への夢は叶うことなく、「新しい冷戦」の暗雲がたちこめている。あらためて、戦争等の惨禍から次世代を救う平和的な手段を講じる必要があろう。

その心の準備として、まず異なる他者を「善良な隣人」として迎え、相互の敬意と寛容の精神から積極的な和解プロセスの進展を期したものである。さらに、翌年（二〇一〇年）の国連国際年・テーマは、「文化の和解のための国際年」および「国際生物多様性年」であった。

前者の「文化の和解のための国際年」は、平和を目ざす宗教間および文化間の対話と意義を再確認し、とくに寛容による相互理解と協力の促進を呼びかけている。その制定は、文化的な多様性こそ「人類文化の豊かな源である」とする、「ユネスコ」総会の決議と勧告に負っている。後者の「国際生物多様性年」は、とくに近年にみる生物多様性の急速な損失を憂慮し、これまでにない斬新な実践計画を要請している。その制定は、先行の「国連環境開発会議」が採択した「生物多様性保全に関するアジェンダ21」等を踏まえている。

現に、地球上の豊かな生態系は、他ならぬ新参者の人間の活動によって侵食され、多くの生物種が地上から消え去ろうとしている。この国連国際年は、新たな環境問題への警鐘《けいしょう》だけでなく、より根本的に「宇宙における人間存在」の意味と根基《こんき》を問いかけるものであろう。

以上に垣間《かいま》見た、国連の「国際年」テーマは、いずれも二十一世紀の「グローバル課題」として、地球的な危機の自覚と緊急の行動計画を要請している。それらの難問の解決には、やはり多様な価値観を織りこむ「文明間の対話」が不可欠であろう。本来、文明の多様性は、人類史上の豊かな生成が育む共有財産である。逆に、これまで文明の多様性に対する敵意と拒否こそ、平和を脅かす元凶になったともいえよう。

もっとも、現状の国連は、まだ各国政府の上に立つ「世界政府」ではない。しかし、現代の挑戦に応答できる有望な国際機構でもある。その主権平等の原則から、まず国連が公正原理を広める「文明間の対話」の家として、人類救済の先導的な役割をになうべきであろう。

さらに、「文明間の対話」に課せられる最大の挑戦は、異なる文化や文明あるいは民族・宗教の壁をこえる「人間共通の価値観」(グローバル・エトス)を築くことである。今日、多くの文明が一堂に会する「地球文明」の時代を迎えている。かつて、トインビーが掲げた「文明の同一性は、差異性よりも重い」という命題が、新たな歴史的な検証と時代の響きをもって甦るといえよう。

いま、二十一世紀の文明変動論として、また国連の未来的展望として、トインビーの大いなる構想力と知的遺産を新たに問う意味は深い。同時に、日本は、一九五六年に国連に加盟し、翌年の「外交三原則」には「国連中心主義」を謳《うた》っている。日本の人的および知的貢献の道も、また新たに問われているといえよう。

「多様性の中の共生」の調べ

ユネスコの精神と「心の平和」

名高い「ユネスコ憲章」（第一条）の冒頭は、「戦争は、人の心の中で生まれるものであるから、人の心の中に平和の砦《とりで》を築かなければならない」という言葉ではじまる。これまで、人類史上につきそう戦争は、他国を排する偏狭な愛国心や、他者を拒む無知と偏見によることが多い。

他面、第二次世界大戦の終結は、人類初の「悪魔の兵器」とも称される原子爆弾の投下（広島、長崎）に負っている。「ユネスコ」（国際連合教育科学文化機関）は、このような戦争の悲劇に対する批判的な反省として、一九四六年十一月に発足した（創設は一九四五年）。新たに、国際的な平和秩序の構築を目ざしたものである。とりわけ、「教育・科学・文化」の発展を通じて相互理解と寛容の輪を広げ、世界平和の実現に尽くすことを目的としている。いわば、広く人類の知的および精神的な連帯につとめ、新たな文明の道標と価値観を開示しているといえよう。

さらに、今日の新たな課題として、ユネスコは「暴力に関するセビリア宣言」

（一九八九年）を採択した。それは、戦争の「人間・本能説」ともいうべき生物学的な仮説を、科学的な論拠から是正したものである。いわゆる、従来の「脳と攻撃性」にまつわる戦争不可避論の修正である。むしろ、戦争を発見した同種の人間の責務として、新たに「平和の発明」という主体的な行動原理を明示している。とくに、各人の創造的な平和価値の創出と実践の道が問われる、といえよう。

その高次の理想と広範な普及活動につとめるユネスコの在りようが、とりわけ「国連の良心」と称されるゆえんである。今日、ユネスコの事業として、広く社会的にも浸透し一種のブームの観を呈する「世界遺産」や「生涯教育」の活動も、その一環である。

ここで、ユネスコの「平和と軍縮」の精神を継ぐ、一連の先駆的な実践運動に注目したい。その一つに、核の登場に「人類の危機」を憂慮した科学者たちの動向として、有名な「ラッセル・アインシュタイン宣言」（一九五五年）がある。その「戦争の廃絶」を最大課題とする宣言には、表記の二人とともに、日本の湯川秀樹氏等のノーベル賞受賞者（十一名）が名をつらねている。また、その「宣言」に呼応して、東西の代表的な科学者（二十二名）が参加した「パグウォッシュ会議」（一九五七年）が開かれた。日本からは、湯川氏のほかに朝永振一郎、小川岩雄の両氏が出席し、その後の国際的な連帯と発展の礎となった。

他の一つに、世界的な知識人による「日本国憲法」（第九条、戦争放棄事項）に対する高い関心がある。その代表的な一人として、トインビーの名をあげることができよう。

トインビーは、今日の集団自殺の愚を避ける方途として、人類の存続を期した世界史的な究明から、新たに世界を結ぶ「世界国家」の構想に心をそそいだ。とくに、日本の「平和憲法」の世界史的な意義について、「人類の未来の希望」との期待を告げている。もう一人の、傑出した不屈の知識人E・サイードは、「日本の平和憲法は、世界の目標である」との遺言をのこしている。両者ともに、今後の新たな「地球憲章」の方位として心にとどめたい。

現在、人類史上の「予想外の顚末《てんまつ》」として、人間と地球の存続が脅かされる中で、狭隘《きょうあい》な国家や民族のエゴイズムをこえる普遍的な価値観と平和世界の構築が急務であろう。他ならぬ、ユネスコの精神とトインビー思想の先駆的な慧眼《けいがん》に注目したい。

ユネスコの「トインビー特集号」

周知のように、二十一世紀の開幕（二〇〇一年）は、国連の「文明間の対話年」として、またその深化を目ざすユネスコの「文化の多様性に関する世界宣言」ではじまった。いずれの決議も、両機関の総会において満場一致の採択をみている。二十一世紀の指標として、全人類が「共に生きるための知恵」をしぼった先行理念と行動指針の提示である。とくに、ユネスコの世界宣言は、人類平和のともし火となる「世界人権宣言」（一九四八年）に次ぐ重要な宣言とされる。

ところで、トインビーは、このほど「生誕百二十周年」（二〇〇九年）を迎えた。その特集号として刊行された『二一世紀とトインビー』（第十三号、二〇一〇年）の巻頭言で、ユネスコ（パリ本部）の要職を歴任した服部英二氏は、トインビーを偲《しの》んでつぎのように語る。もし「この場（第三十一回ユネスコ総会——文化の多様性宣言の採択）にトインビーが出席していたならば、きっと最大の支持を表明したことであろう」。

さらに同氏は、自ら監修したユネスコ創設六十周年の国際シンポジウムの報告書

（『文化の多様性と通底の価値』、二〇〇七年）では、そのエピローグを「文明の同質性は、差異性よりも重い」というトインビーの言葉で結んでいる。トインビーと同じく、終生の「旅する人」として、服部氏のトインビーに対する人となりと宗教観への造詣《ぞうけい》も深い。

一方、ユネスコ傘下の哲学・人文科学国際協議会の機関誌『ディオゲネス』は、いち早く第一線の論客を交えた「トインビー特集号」（一九六五年）を組んでいる。同誌は、世にひときわ高い総合学術誌として定評がある。

初代会長および編集長を務めたフランスの高名な社会学者ロジェ・カイヨワは、「トインビーのような記念碑的な大著においては、細部の成否や識別に骨を折るべきではない。むしろそこに含まれる大いなる知的刺激と価値を自らの責任において採択すべきである」と説いている。いわゆる、近代知の壁をこえる全体論的な志向として、人類共有の「大いなる問い」を喚起《かんき》するものであろう。いま、新たな学的試行に挑むトインビー理解の鍵として、傾聴すべき言葉である。

かつて、このトインビーとP・ソローキンを中心に世界の巨匠が参集した「第一回国際比較文明学会」（一九六一年）が、オーストリアのザルツブルクで開かれた。新たに伝統的な歴史学をこえる「世界史学」（メタ・ヒストリー）の学会として、未来への創意に満ちた「比較文明学の夜明け」である。いま、人類共同の「一つの世界」を問う知的規範として、その問題提起を省みる価値は大きい。

とくに、その報告書『文明の諸問題』（一九六四年）では、編者のO・F・アンデアレが「序言」の中で、この輝かしい大会を成功に導いたユネスコ・パリ本部およびオーストリア・ユネスコ国内委員会の理解と後援に深甚なる謝意を表明している。これまで垣間見たように、ユネスコとトインビーを結ぶ縁は殊《こと》のほか深く、またその思想的な奥義をたずねる今日的な意味は大きい、といえよう。

「希望の知」に向けて

これまで、ユネスコの基本テーマは、歴代総会の主調となる「多様性の中の共生」である。事実、先の「文化の多様性に関する世界宣言」の核心は、その冒頭に示される「人類の共有遺産」（第一条）の認知と主張にある。いわゆる、文化の多様性は、自然界に生物多様性が必要であるのと同様に、人類にとっても不可欠である。さらに、その「創造性の源泉」（第七条）としての価値と重要性を語る。総じて、これまでの文化財認識および他者認識の根本的な修正である、といえよう。

また、その世界宣言に連動して、「文化の多様性に関する国際条約」（正確には「文化的表現の多様性を保護し促進する条約」、二〇〇五年）が締結された。いわゆる、文化の貧困をまねく画一化への懸念から、「心の領域に市場原理を認めない」とする国際的な強い意思表明と誓約でもある。今後、真の「文明間の対話」を育む道程として、多様な文化の独自性を尊重し、さらに心の奥底に響きあう「通底価値」の検証が重要であろう。とくに、この「多様性」という概念は、一部に誤解されやすい分離ではなく「包含の要因」であり、同時に「共に生きる願望」を秘めていることに留意したい。

ちなみに、ユネスコが掲げる三つの価値志向として、「文化の多様性」、「文化移転」および「通底価値」をあげることができよう。じつは、このような新たな価値理念と構図を歴史学上に展開したのが、他ならぬトインビーであった。トインビーは、いち早くその総体的な理念の構築につとめ、自ら三者をつなぐ「三位一体」の価値体現者でもあった。

その世界史家としての歴史的知見と洞察は、今日の人間の驕《おご》りと病める地球の命運を新たに問いかけている。明日の人類史に向けて、とくに「多様性の中の共生」をめぐる基本構想および洞察として、ユネスコとトインビーの心の絆を見ることもできよう。

今日、世界的な焦眉《しょうび》の課題として、「生物多様性」の問題が大きく浮上している。これまで生物界は、多くの生命が一種の禁欲的な棲《す》み分けと相互依存の動的な関係性の中で、生命のにぎわいと豊かな生態系を育んできた。いま、その三十八億年にわたる生命史の結晶が、他ならぬ横暴な人間活動によって破壊されようとしている。二十一世紀の重大な「地球環境問題」への視座として、急速に失われつつある生態系の保全に向けた、いち早い総合的な取りくみが不可欠であろう。

とりわけ、人間自身を地球上の生物の一員として、いわば「自然の内なる人間」として、その多様性の中の「共通性」を読みとく決意が必要である。折しも、昨年(二〇一〇年)は、国連の定める「国際生物多様性年」であり、また日本で「生物多様性条約第十回締約会議」が開催された。さらに今年（二〇一一年）は、国連の「国際森林年」でもある。これまで水の循環をはじめ、豊かな生物多様性を育む森林と生きものの、新たな共生関係が問われることになる。いずれも、その急速にしのびよる重大な危機感の表明と人間の責任を問いかけたものである。

二十一世紀の指標として、まずユネスコが世界に発信した「文化の多様性に関する世界宣言」の意義は、この遥かなる生命史の深淵として「生物多様性」の問題と連動しながら、より巨視的に解明されるべきであろう。また、晩年のトインビーが最後に託したテーマは、一つの生命体として人類の生存理由を問う「宇宙の中の人間の位置」であった。

両者ともに、二十一世紀へのメッセージとして、広大な地球史が奏《かな》でる生命交響詩を鳥瞰《ちょうかん》しながら、明日に生きる一縷《いちる》の「希望の知」を告げている、といえよう。

「アフガニスタンとイラク」に寄せて

「麗《うるわ》しのバーミヤン」へ

二十一世紀の船出は、国連が定めた「文明間の対話年」（二〇〇一年）としてはじまった。期せずして同年の後半には、世界を震撼《しんかん》させた「九・一一テロ」事件があり、アメリカは報復の早期決戦に踏みこんだ。その矛先《ほこさき》は、アフガニスタンからイラクへと拡大され、いまなお不穏な情勢が続いている。世界の耳目《じもく》を引く二つの「消え行く世界遺産」について、かつてトインビーはどう見たか。その文明史紀行の足跡を追って、混迷の時代を読む一教訓としたい。

トインビーは、一九六〇年にデリーおよびペシャワール両大学の招請《しょうせい》で、アフガニスタンを中心にインドおよびパキスタンを訪れている。その四ヵ月余にわたる出色の旅行記が『オクサスとジャナムのあいだ』（邦訳名『アジア高原の旅』、一九六一年）である。

破壊前のバーミヤン・仏教石窟
©HIROCHIKA SETSUMASA / SEBUN PHOTO / amanaimages

アフガニスタンは、古くからユーラシア大陸の東西を結ぶシルクロードの要衝にあたる。トインビーも、人類史の興亡を見守る「文明の十字路」として、その歴史的な役割に注目する。とくに、中央アジアのオクサス（シルダリア）からジャナム川におよぶ大領土を有したクシャン朝の時代（一～三世紀）には、東西のヘレニズム美術と仏教美術が融合する「ガンダーラ美術」が誕生した。その仏像制作の定型化と日本にいたる仏教美術の東漸《とうぜん》にあたえた影響も見逃せない。

他日、トインビーは、緑の谷間に月光を浴びる「麗しのバーミヤン」遺跡を眼前にする。その折、巨大な洞窟にひそむ磨崖《まがい》仏の偉容に、悠久の平和と仏教的な静寂を見い出している。西欧人の魂を揺さぶり、長い間夢の間も「忘れえぬ地」こそ、トインビーの脳裏をしめたアフガニスタンであった。

すべての道は「イラク」へ

この旅行に先立って、トインビーは一九五六年から主著の『歴史の研究』の改訂を目的にした「最も長い旅」に出かけている。その南米を起点とする一年半にわたる世界一周の旅行記が、名著の誉れ高い『東から西へ』(一九五八年)である。最後の訪問地となったのが中東であり、短期間ながらイラクにも滞在している。

もとよりイラクは、紀元前三五〇〇年に遡《さかのぼ》る古代メソポタミア文明の発祥地である。トインビーによれば、すべての道は「ローマ」に通じるだけでなく、最初の都市化と灌漑《かんがい》農耕を敷いた「イラク」にも通じるのである。また、シーア派の聖地として崇敬《すうけい》されるナジャフでは、『クルアーン』に記される同じ「経典の民」として、西アジアのイスラーム、キリスト教、ユダヤ教三者の共通性を語る。

さらに、東方のインド系仏教やヒンドゥー教との、いわれなき断層をこえる「全知の光明」に思いを馳せる。本来、「大いなる光明」とは、自らの伝統とともに、また他者の伝統をも包み照らすものであろう。いずれも、ひとしく「共通の源泉」から湧き出ている。イラクは、トインビーにとって、人類史上の「最大の過去」であり、また未来の「希望の地」として輝くはずであった。

いずこへいくか、われら！

トインビーの、いまなお混迷するアフガニスタンとイラクへの旅路は、卓越した歴史的知見と感性が奏でる「文明興亡史」の序曲でもあった。さらに付言すれば、イラクの多くの古代都市は、かつて『旧約聖書』の「創世記」を彩る中心舞台でもある。たとえば、ウルは、古代イスラエル民族の父祖アブラハムの出身地であり、また「ノアの箱舟」伝説の源流となる。その他、クルナは「エデンの園」の、バビロンは「バベルの塔」の挿話で名高い。

米英のキリスト教徒は、今次のイラク戦争で、自らの聖なる故郷に破壊の矢を放ったのだろうか。「いずこへ行くか、われら！」、トインビーの旅の問いと重荷はまだ解かれていない。

VI

日本とトインビー——対話の風景

トインビーと松永安左ヱ門氏（杉山吉良氏撮影）

親日家トインビーと日本の印象

第一回の訪日（一九二九年）

トインビーは、世界の知識人のなかでも、とりわけ日本に深い関心と期待を寄せた一人であった。一九二九年に訪日して以来、一九五六年と一九六七年の三度にわたって日本を訪問している。その後晩年にいたるまで、日本人の心と日本の自然をこよなく愛してやまなかった。

ちなみに、トインビーは、日本を世界史上の「一つの高度な文明」として認めた先行者でもある。一九六八年には、日本政府より「独自の世界観を通じて日本文化の向上に貢献した」として、勲一等瑞宝章を授与された。トインビーと日本のかかわりは、ことのほか深いといえよう。まず、その日本訪問の足どりをたどりながら、トインビーの日本観と独自の印象を垣間見るとしよう。

第一回の訪日は、一九二九年、彼が四十歳のときであった。それは、京都で開かれた「第三回太平洋問題調査会国際会議」に、イギリス代表団の一員として出席したものである。当時トインビーは、すでに新進気鋭の歴史学者として、また国際政治学者としても名をなしていた。

ところで、この「太平洋会議」の主題は、懸案の「満州問題」であった。当時、日本と中国の関係は、満州問題をめぐる極度の緊張状態あった。それだけに、日中両国代表団の対決は、会場内の参加者にとって手に汗を握る興奮をつのった。この間、終始沈黙をまもったトインビーは、その後催された公開講演で、初めて自分の見解を表明した。

すなわち、日中双方にみる絶対主権の主張と、その国策の具となる戦争の危険性を指摘し、とくに日本が「カルタゴの運命」の轍《てつ》を踏まぬようにと警告した。そのカルタゴの故事に託した本意は、つぎのようなものであろう。かつて、フェニキア植民地の覇者であったカルタゴは、ローマを侵略し一時占領したことがあった。しかし、ローマの真の実態を見抜けず、やがて自滅の道を余儀なくされた。その史実に、日本が企てる中国侵略の命運が予見される、との意であろう。当時、同会議に出席した松本重治、蝋山《ろうやま》政道両氏の、トインビーに寄せる敬愛と信頼の念は厚い。

事実、その二年後に満州事変（一九三一〜三二年）が起きた。その後日本は、日中戦争、太平洋戦争への突入および敗戦への道をたどる。まさに、トインビーの警告を裏づける歩みとなった。このように、トインビーは、広大な文明興亡の理論を援用しながら、日本の命運を的確に予測したともいえる。同時に、武力侵略を手段として経済問題を解決しようとした日本軍国主義の非道が、きびしく糾弾されているといえよう。

他面、トインビーは、この「太平洋会議」が開かれる前に高野山を訪ねている。まず、山上の聖地と自然がかもす幽境に感嘆する。さらに金剛峰寺《こんごうぶじ》に参詣して、多くの巡礼者が行きかう姿に接しながら、世界宗教の一つである仏教の源流に感慨を深める。そこに、歴史家トインビーの求道的な精神を垣間見ることもできよう。また、海路日本を訪れたトインビーは、月光に照らされた瀬戸内海を、「世界で最も美しい景色」の一つとして絶賛している。このような第一回の訪日記は、『中国への旅——見た事物』（一九三一年）におさめられている。

第二回の訪日（一九五六年）

第二回の訪日は、一九五六年、彼が六十七歳のときであり、ヴェロニカ夫人を伴ってのことであった。その目的は、主として主著『歴史の研究』（一一一〇巻）の改訂にあり、研究の不備を現地でおぎなうことにあった。

この旅行は、トインビー夫妻にとって「かつて経験した旅の中でもっとも長い旅」となった。とくに日本への寄港は、かねて親交のある松本重治氏（国際文化会館理事長——当時）の招請による。トインビーは、長期にわたる「世界一周」の途次に、中南米、南太平洋、東南アジア等をへて立ちよったことになる。日本側では、さっそく歓迎準備委員会を設置した。とくに、トインビーの意向をくみ、日本史、東洋史、世界史の各グループ別に討論するシンポジウムを企画した。その折の会合は、十五回にもおよんでいる。

最初に催しは、「日本史グループ」とのシンポジウムであった。トインビーは、あらかじめ日本に関する四つの質問を提示している。すなわち、1 中国文明の移入と古代国家の形成、2 鎌倉仏教の成立とその社会的条件、3 織豊時代から徳川時代にみる外国の圧力、4 江戸幕府の解体と明治維新等である。

これらを一瞥しても分かるように、トインビーの問題関心は、いかにも雄大である。また、文明形成の鍵となる「挑戦と応戦」の理論とその歴史的な検証にある。いわば、日本文明の誕生にみる「中国化」や、近代化の試練に立つ「西洋化」という大きな波に、どう応答したかにある。今後の日本史研究の課題として、その「世界史的な日本研究」の視座は、ますます重要なものとなろう。

なお、トインビーの滞在中には、国内各地の大学等で多くの講演会がもたれた。なかでも、その最終講演である「世界史における日本」は、直接日本を主題としている。まず、日本の「近代化」の意義と問題点が浮彫にされる。日本は、明治維新後、先行のロシアをしのぐスピードで近代化を推進した。とりわけ、日本がアジア諸国のなかで、その自立性を実証した意義は大きい。

その反面、日本の近代化は、一八九四年の日清戦争以来、主として軍国主義と国家主義の正当化を支えとしている。その結果、第二次世界大戦で敗北を喫した。とくに、史上初めての原爆を体験した日本こそ、人類平和への新たな精神的な使命を告げ、その基盤を授けることができると結んでいる。いわゆる、現代史の危機と分裂に際して、とくに「バランサー」（均衡をとる人）としての世界史的な役割を強調した。

この講演は、初めて敗戦の苦渋をなめ、精神的な空洞状態に落ちこんだ日本人にとって「勇気と自信」をあたえ、まさに心の光明を得るものであった。この講演と前後して、「日本とアジアの将来」という日本の識者との座談会がもたれている。当時日本は、過去のナショナリズムと訣別し、新しい国際復帰をはかるさなかにある。トインビーの思想は、まさに新生日本の進路を照らす「導きの星」ともなった。その他、日本宗教界の動向や異例の北海道訪問等について、いかにもトインビーらしい分析や診断も興味をそそう。このような第二回の訪日記は、『東から西へ』（一九五七年）に、またその折の講演集は『歴史の教訓』（一九五七年）におさめられている。

第三回の訪日（一九六七年）

第三回の訪日は、一九六七年、彼が七十八歳のときであり、京都産業大学の招聘《しょうへい》によるものであった。すでに高齢なトインビーの健康状態を配慮して、公式の講演は二回にかぎられた。

その最初の講演が、「世界の未来像と文化」であった。いわゆる、現代の文化的な特徴と未来への展望について、世界史的な背景から解明したものである。

その論旨は、まず現代の危機としての「倫理性の断絶」(モラリティ・ギャップ)を憂慮し、その歴史的な追跡と課題を提示する。たとえば、今日におよぶ原子力の発明と核兵器への悪用は、その象徴的な事例ともなろう。

やはり、ティヤール・ド・シャルダンのいう「精神圏」こそ、真の意味における人生の充実と創造さらには歓喜を約束するものであろう。この点、科学もイデオロギーも語るべき言葉をもたない。いまや、西洋文明の翳《かげ》りも深い。とすれば、世界のどの文明に希望の光を仰ぐことができようか、とその講演を結んでいる。

もう一つの講演は、今日焦眉《しょうび》の問題である「人口の都市集中化における問題点とその対策」であった。両講演ともに、現代にみる危機の本質的な意味を明かし、未来を育む具体的な問題解決に挑んでいる。そこに、人類史の将来に真摯《しんし》な思索をめぐらす、晩年のトインビーの姿を見ることができよう。

　この二つの講演を終えた後、トインビーは、時おり新聞社の座談会や対談にのぞむ程度で、あとは私的な意向にそう日程がくまれた。たとえば、白浜の京大臨海実験所や近畿大学のハマチ養殖研究所等の視察がある。きっと、身近にせまる深刻な「人口爆発」とくに「食糧問題」の克服を期してのことであろう。日本は、すでに食用海藻の栽培や魚介類の養殖に成功をおさめている。トインビーは、その先駆的な偉業に着眼する。

　このような一部の視察の他は、つとめて多くの社寺や史跡めぐりに過ごしている。たとえば、奈良の興福寺を始め、高野山さらに伊勢神宮等である。とくに正式の賓客として迎えられた伊勢神宮では、乞われるままに記帳簿に毛筆の一文を書きとめた。それは、「私は、ここ聖地にあって、諸宗教の根源的な統一性を感じます」と記されている。その心情は、おそらく宗教思想学の戸田義雄氏が説くように、諸宗教の奥義に通じあう「共通の真理」への共感であろう。

　なお、日本が直面する主要問題の一つとして、とくに「憲法問題」をあげている。すなわち、「戦争放棄、戦力不保持」を規定した日本国憲法第九条の意義を強調する。いまや、核兵器の開発と使用によって、戦争の前提条件や根本的な性格も大きく変化している。日本は、「戦争によって事態を解決する」という強国の手法を自発的に放棄した。この点トインビーは、現代の歴史的な挑戦への聡明な応戦をしめす英断として、人類の未来への希望を託している。

このようなトインビーの見解は、今日の政治的な対立の次元をこえ、少なくとも人類の新たな歴史的運命と課題という高次の観点から理解すべきであろう。この第三回の訪日記は、「日本の印象」（毎日新聞、一九六七・十一・九～十一・十三）として、長期にわたって連載された。このほか、トインビーの「日本と私」をはじめとする全体的な日本観として、最晩年に刊行された『日本の活路』（一九七四年）がある。

日本におけるトインビー

トインビーへの関心

日本に、トインビーの主要な著作が紹介されたのは、おもに第二次世界大戦後のことである。その頃といえば、戦時中の暗い文化的な鎖国状態から解放され、西欧のみずみずしい学問や知的情報が、あたかも堰をきったように押し寄せていた。トインビーに関しては、まず主著『歴史の研究』(サマヴェルの縮刷版、一九四九〜五二年)が、蝋山政道氏等の共訳によって初めて公刊される。同書は、一九四六年にアメリカで刊行されてベストセラーとなり、トインビーの名を一躍世界にひろめたものである。

その後も、『試練に立つ文明』(深瀬基寛訳、一九五二年)や『世界と西欧』(吉田健一訳、一九五三年)等が、あいついで翻訳されている。さらに、一九五〇年代の代表作『一歴史家の宗教観』(深瀬基寛訳、一九五九年)、および一九六〇年代の代表作『現代が受けている挑戦』(吉田健一訳、一九六九年)等も見られる。

今日、トインビーの著作は、死後の出版をふくめて大半が訳出されている。とりわけ、主著『歴史の研究』の完訳(下島連他訳、全二十五巻)も、すでに一九七二年に完結をみている。まさに、世界的な類例をみない快挙である。同書は、トインビーと若泉敬氏との対談集『未来を生きる』（一九七一年）とともに、晴れの「日本出版文化賞」を受賞している。

今日では、晩年の主要な著作もほぼ出そろっている。いわゆる『歴史の研究』（原本・全十二巻）の改訂版として、新たなトインビーの見解をしめす『図説・歴史の研究』（桑原武夫他訳、一九七五年）や、全人類史の鳥瞰《ちょうかん》図《ず》ともいえる遺著『人類と母なる大地』（山口光朔他訳、一九七八年）等である。さらに、最晩年におけるトインビーの思索が、とくに「日本人との対話」に向けられたことは特記すべきであろう。いわゆる、先述の若泉敬氏との対談および池田大作氏との対談『二十一世紀への対話』（一九七五年）等である。

一方、日本における学界の反響も、トインビーの著作が膨大なだけに、広範な分野におよんでいる。その論述も、本命の歴史観をはじめ、宗教観、国際政治観から人となりの紹介まで、まことに多彩である。ちなみに、「日本におけるトインビーの受容」を一覧すれば、これまでトインビー自身の著作・論文と、トインビーの紹介・研究文献を合わせると、およそ二百編近くを数える（「トインビー関係文献目録」Ⅰ・Ⅱ、吉澤五郎編)。

今後の課題は、トインビーの一紹介や解説の域をこえて、どう自らの主体的な思考につなぐかにあろう。その意味で、豊かな創意と多彩な実践活動に身を挺《てい》した山本新氏や秀村欣二氏、さらには梅棹忠夫氏等の貢献に注目したい。このように日本では、幸いにもトインビーの思想に親しみ、内容を深く見つめるための貴重な文献がほぼ出そろっている。また、新しい道を切りひらく良き研究者を得たともいえよう。それらは、三度にわたる訪日とともに、トインビーへの親近感と盛名をきずく素地ともなった。

『歴史の研究』の日本語訳

トインビーの主著『歴史の研究』は、よく雄大な「知性の大河」にも比せられる。また、折にふれ「二十世紀の名著」の一つに数えられる。ことに、今日のような大転換期に際して、既存の学説にとらわれない新鮮な着想と大胆な叙述が、一般読者の心に訴えるのであろう。専門史家である増田四郎氏は、トインビーについて、壮大な世界史観を大成した「偉大な歴史家」とし、さらに同書を万人が味読すべき「最大の業績」と言葉をついでいる。

ところで、この「世紀の大著」（日本語版）は、どのようにして実現したのであろうか。何分にも、世界に先がけての刊行である。しかも、量的に膨大であり、原著は全十二巻で七千頁におよぶ代物《しろもの》である。また、世界各国の言語が縦横に使用され、質的にも繊細な情感が随所にほとばしる。それだけに、翻訳事業はきわめて難題であった。

この「至難の業」を可能にしたのは、じつは松永安左ヱ門氏と鈴木大拙氏との対話であった。周知のように、松永氏は、かつて「電力王」とも称された財界の長老であり、また晩年におよぶ「最後の数寄茶人《すきちゃじん》」としても知られる。他方、熱心な読書家であり、有名な『西欧の没落』を著したドイツの文化哲学者O・シュペングラーに対する関心も深い。とくに、トインビーについては、かねてよりその該博《がいはく》な知識と深い哲学的な思索に傾倒している。ちなみに、「座右の書」として愛読したのは、トインビーの『歴史の研究』であった。

その松永氏に、他ならぬ『歴史の研究』の出版を薦めたのが鈴木大拙氏である。申すまでもなく、鈴木氏は、日本を代表する仏教哲学者であり、ひろく禅思想を世界に紹介したことで知られる。一九四九年には、いち早く「文化勲章」を受賞している。松永氏とは、旧知の仲であり、ときおり松永氏と雑誌の対談に臨んだりしている。とくにトインビーに関して、その宗教的な寛容の精神と仏教思想への造詣に驚嘆し、深甚なる敬意を表している。

一九五四年に、松永氏は、鈴木氏の紹介によりロンドンにトインビーを訪ねている。その折、日本における『歴史の研究』の完

『歴史の研究』（完訳版、全25巻）

訳計画について打診する。トインビーも、日本での出版を大きな喜びとし、即座に完訳版の版権を快諾する。その帰国後、早速松永氏を会長とする「歴史の研究」刊行会が設立された。その陣容は、たとえば一方の学界翻訳グループには、鈴木大拙氏をはじめ、小泉信三、谷川徹三、蝋山政道氏等の碩学《せきがく》が参画している。また他方の財界筋では、木川田《きがわた》一隆氏をはじめ、永野重雄、小林中《あたる》、植村甲午郎《こうごろう》氏等の錚々《そうそう》たる顔ぶれがそろう。

待望の『完訳・歴史の研究』（全二十五巻）は、幾多の困難をのりこえて一九六六年から刊行され、ついに一九七二年に完結をみた。おそらく、日本の出版事業史上に輝く偉業であろう。早速、日本の主要新聞でも大きく紹介された。たとえば、作家の林房雄氏による「『歴史の研究』の衝撃—見出した希望の灯」（朝日新聞、一九六六年）等である。いま、新たに「世紀の大著」の誕生を省みながら、トインビーに集《つど》う先人たちの先見の明と知的遺産に心をとめたい。

「地球文明」への視座

トインビーは、卓抜《たくばつ》な歴史家であるとともに、高名な国際政治学者であり、また文明批評家でもあった。「歴史とは現代である」という信念から、現代の難問について、さらに世界史の将来について積極的な発言をつづけた。つねに、現代に生きるものとして、同時代の苦悩に立ちむかい、新たな世界史像を探究したといえよう。いわば、悠久の過去と無限の未来が、現代を介してゆたかに接合される。その巨視的な知見と深い洞察は、世に「二十世紀の良心」とも謳《うた》われた。まさに、多くの人びとの心をとらえ、とくに若い世代の共感をさそった。

一方、日本の代表的な新聞においても、世界的な大事件に際して、あるいは新年の年頭所感として、トインビーの論説が紙面を飾ることもたびたびであった。その言及は、国際政治や世界平和の問題をはじめ、現代文明の試練から未来の世界像さらに日本の印象等にわたる。今日、トインビー亡きあとの「変化と混迷」の世界において、さらに「新しい国際秩序」に向かう地球文明の時代において、その博大な関心と長期的な展望は、ますます高い価値を有することになろう。

ちなみに、これまで日本の新聞で公表されたトインビーの寄稿論文をはじめインタビュー・講演要旨等（一九五三〜七四年）は、およそ六十編を数える。すでに、その主要な内容をテーマ別に分類し、時間的に配列した一書が刊行されている（『地球文明への視座』秀村欣二・吉澤五郎編、一九八三年）。この再編成によって、トインビーの現代論の視点と推移を見まもり、その全体像と今日的な意義を再確認することができよう。いま、「日本とはなにか」という自問を秘めて、トインビーの英知に耳をかたむける意義は大きい。

日本人との対話と著作

申すまでもなく、人間は、言葉をもつ動物である。さらに、他者と言葉を交わす「対話」によって、共に生きる知恵を学び、相互理解と信頼の道を深めることになろう。古来、「対話」は、名高い「ソクラテスの対話」をはじめ、「真理」探究の理想として、あるいは諸学の根本学として重視された。今日、他者を含む個人の望ましい自己変容として、また多様な文明をつなぐ共生の調べとして、創意にみちた思考と対話の意義は大きい。ここで、トインビーと日本人との対話として、とくに代表的な四氏の肖像と記念碑的な著作を一瞥しよう。

山本新と『トインビー』

トインビー研究の先駆者・山本新氏

山本新《しん》氏（一九一三〜八〇年）は、名実ともに日本におけるトインビー研究の先達である。また、トインビーが主導した壮大な比較文明学の重鎮として名高い。その鋭い問題意識と独創的な知見は、いわゆる「山本文明学の三部作」に見ることができよう。すなわち、『文明の構造と変動』、『トインビーと文明論の争点』、『トインビー』である。いずれの作品も、新たにトインビー研究の扉を大きく開いた名作である。すでに、日本の思想家として、いち早く先鞭《せんべん》をつけた著作『ニーバーのマルクス主義批判』（一九四九年）をはじめ、その「知的開拓者」としての誉れは高い。

第一作の『文明の構造と変動』（一九六一年）は、五百頁におよぶ大著である。いわゆる、トインビーの知的メッセージを日本につたえ、その新たな学問的な息吹と重要性を開示したものである。まず、トインビーを中心とする一連の学的系譜と思想体系をたどる。さらに、基本的な問題群として、たとえば「西洋化」の波が押し寄せる非西洋文明の苦悩や、宗教思想の土着化と葛藤等の論点が、独自の着想をそえて考察される。とくに、最終章の「トインビー批判の検討」は、未知の大海に漕ぎだすトインビーの挑戦と、その真価を見定める貴重な羅針盤となろう。

他方、山本氏の独創的な思考と広大な探究は、心ある専門史家の高い関心と共感を呼んだ。一例として、西洋史家の林健太郎氏は、本書を評して「歴史家のせまいギルド意識を脱却した広い視野は、われわれを裨益《ひえき》するところ大である」と説いている。

本書は、日本における本格的な「トインビー研究」および「比較文明学序説」として、新たな開眼と衝撃をさそった記念碑的な著作である。

第二作の『トインビーと文明論の争点』（一九六九年）は、トインビーをめぐる最新の討議を総括し、山本氏の独創的な応戦を記録したものである。とくに、当時の先端的な問題として、新進気鋭の文化人類学者P・バグビーが、新たに「周辺文明論」を提唱している。それは、旧来の歴史観を染める「大文明主義」の批判であり、一種のトインビー批判でもあった。山本氏は、早速バグビーに呼応し、またトインビーの「再考察」を吟味しながら、新装の「周辺文明論」を定立する。すなわち、世界史の余白を埋める作業として、大文明の谷間にひそむ周辺文明にも光をあて、その世界史的な定位と命運を探究する。

申すまでもなく、本書の中心課題として、新たに「日本文明の位置づけ」が大きく浮上する。その検証は、日本史上の「中国化」と「西洋化」の総体的な反省にかかわる。また、現代日本の世界史的な使命を問うことにもなる。山本氏は、すでに国際的な研究の論陣に加わり、しかも未開拓の難問に自ら救済の手をさしのべている。本書は、トインビー研究の前進と拡充をはかり、新たに学問的な展開と命題をさずけた労作である。

最後の第三作『トインビー』（一九七八年）は、一九七五年のトインビーの死を契機とし、今後の使命感を明示した「総合的な研究書」である。トインビーは、晩年の死にいたるまで、名声におぼれることなく、たえず自己吟味《ぎんみ》と自己革新に心をくだいた。その生涯にわたる思想的な歩みは、山本氏の新しい発見と探究をさそうだけでなく、新たな比較文明学の誕生を促すものであった。それだけに、「最終のトインビー」をふくむ「全トインビー」の解明が急務とされた。

いわば、トインビーの全生涯の重みと対峙する内的折衝の姿が、全編にみなぎっている。とくに、将来の「一つの世界」におよぶ構想は、独自に「インテリゲンチヤ論」や「ディアスポラ論」等を交えて圧巻である。本書は、「トインビーをどう継ぐか」という至上の課題に挑む、山本氏とトインビーとの真摯な「格闘のドキュメント」である。

ここで、あらためて山本氏の学風にふれよう。山本氏は、トインビーを「霊感《れいかん》をあたえる最高の歴史家」という。その比較文明学の探究も、つねにトインビーとともに進行している。また、自らトインビーとの対話にのぞみ、日本の新たな世界史的な使命を討議している（「日本文明とその将来―トインビー博士に五つの質問」、中部日本新聞、一九六〇・一・五）。しかし、山本氏は、たんなるトインビーの移植や安易な解説に甘んじるものではなかった。少なくとも一介のトインビー学者や、ましてその後塵《こうじん》を拝する亜流の徒ではなかった。

山本氏の業績は、つねに知的巨人トインビーに挑戦しつつ、その研究課題を新たな「比較文明学」に高めて大成した点にある。さらに、あくまでも日本に根づくような形で導入し、しかも国際的に通用する学的普遍性に全力を注いでいる。いわゆる「良き弟子」とは、本来シュペングラーに対するトインビーのように、師の薫陶《くんとう》の香りとともにその超克を秘めるものであろう。

トインビーに対する山本氏の航跡も、その例外ではなかった。ちなみに、深遠な純哲学を学問的故郷とする山本氏が、全盛時代の田辺元博士に学びながら、その批判的な超克を目ざしたことは隠れたエピソードでもある。総じて山本氏が、まさに暗夜に輝く一つの星として、トインビーを日本の土壌に導いた功績は大きい。

他面、晩年の山本氏は、新たな「比較文明学」への昇華を目ざして学際的な「文明論研究会」（一九六八〜八二年）を主宰している。また、それに先だつ「トインビー・市民の会」（一九六八〜九七年）の創設と多彩な出版活動にも尽力した。いわば、激動する社会と学問の不断の交流に献身的な努力をはらった、といえよう。この両者は、後年の世界に羽ばたく新生「比較文明学会」（一九八五〜）の礎石《そせき》となった。

なお、本来ならば山本氏の「第四作」にあたる遺著として、新たに世界史の周辺的な視座を検証する『周辺文明論——欧化と土着』（神川正彦、吉澤編、一九八五年）が刊行された。また、山本氏の創意にみちた多大な業績と人となりを偲《しの》ぶ追悼《ついとう》論集として、その一周忌に『比較文明論の試み』（堤彪・吉澤五郎編、一九八一年）が上梓されている。

秀村欣二と『トインビー研究』

秀村欣二氏（一九一二〜一九九七年）は、日本における西洋古代史を代表する碩学である。とりわけ、古代ローマ史および初期キリスト教史の第一人者として名高い。これまで、「初期キリスト教史」の研究課題は、一つの「宗教」の歴史にとどまることが多かった。秀村氏は、むしろキリスト教徒が共に生きた時代として、広く古代地中

古代ローマ史の大家・秀村欣二氏

海世界やローマ帝国の歴史的な解明に主力を注いだ。いわば、自ら初期の「キリスト教史」と「古代ローマ史」の間に橋を架け、新たに「宗教と歴史」の不可分な関係を明かした意義は深い。その代表作となる『新約時代史』（一九六五年）は、今日でも学問の香りと信仰の情熱を秘めた名著として讃えられる。

他面、秀村氏は、いち早くトインビーにも深い関心を寄せている。いわば、「同学の士」として、その好意にみちた研究と実践的な啓蒙活動に生涯を捧げた。申すまでもなく、トインビーが「最初の愛」を捧げた学問は、伝統的な「古典古代」（ギリシア・ローマ）であった。母校のオックスフォード大学では、その俊英として将来を嘱《しょく》望《ぼう》された学徒の一人である。

しかし、トインビーは、第一次世界大戦中の有名な「トゥキュディデス体験」を契機に、過去のギリシアの教訓を現代ヨーロッパに生かす「哲学的な同時性」を発見する。いまや彼は、かつて「永遠の規範」とも謳われた観照的なギリシア観と袂《たもと》を分かつことになる。このように、現実との「生の対決」にもとづく歴史認識の深化こそ、激動する現代史への開眼となり、新たな「世界史」への道を開く礎石となった。

ところで、秀村氏とトインビーの出会いは、トインビーの初期を飾る著作『ヘレニズム――一つの文明の歴史』（一九五九年）にはじまる。ちなみに、同叢書《そうしょ》の監修にあたるギルバート・マレイは、世にギリシア古典文学の大御所として名高い。またトインビーの恩師であり、岳父にあたる。秀村氏は、まず原著の紹介を雑誌『学燈』（一九六一年）に寄稿する。その縁から、同書『ヘレニズム』の翻訳・出版（秀村・清水昭次訳、一九六一年）にいたる。一九六七年に、トインビー夫妻が来日した折は、親しく懇談し「ヘレニズム談義」に花を咲かせる。秀村氏は、この最初の訳業について、「ギリシア・ローマ史に対する広汎な視野と新しい観点を示されたことは、大変幸せであった」と回想している。

通常、この「ヘレニズム」という言葉は、一種「ギリシア風」の精神一般を指している。歴史的には、アレクサンドロス大王の東征（前三三四年）とそれを継ぐ「後継者」の時代ともいえよう。その時代評価をめぐって、一方では「堕落と衰退」という否定的な刻印もあり、他方では「ギリシア文明の世界化」という肯定的な賛辞にも浴した。さて、トインビーの「ヘレニズム観」はどうであろうか。

彼は、その世界を独自に「ヘレニック文明」と命名し、ギリシアとローマ世界を一体として包含している。とくに、トインビーの主眼は、そのヘレニック社会に深く染みこむ世界観を問うものであった。いわゆる、物質的な繁栄に興じる自己中心的な「人間崇拝」の罪過が、それを継ぐ近代西洋文明から現代文明にいたる「驕《おご》り」となる。同書は、世に一般向きの「高級な教養書」と評される。しかし、その真価は、むしろ現代の精神的な病根に対する歴史的な診断と警鐘《けいしょう》にある、ともいえよう。

つぎに秀村氏は、トインビーの大著『ハンニバルの遺産』（抄訳、秀村・清永訳、一九六九年）を訳出している。原著は千五百頁にもおよび、高度な学問的な素養を生かした第一級の学術書である。同書は、史上に名高い「ポエニ戦争」（第二、前二一八

〜前二〇二）が舞台となる。通常、ローマが西地中海の覇権《はけん》をにぎる戦いとされる。トインビーは、むしろ、アルプス越えの連勝に挑みながら、ついに宿敵ローマに敗れ去るカルタゴの英雄・ハンニバル将軍の悲運と業績に注目する。

その意図は、トインビーがあえて命名する「ハンニバル戦争」が、他ならぬ戦勝国ローマにあたえた「深刻な影響」を告示することである。いわば、敗者となる「ハンニバルの遺産」の歴史的な検証である。トインビーは、つねづね勝者の偏見をこえる全体的な配慮と、対立する相手の苦悩と英知に身を寄せた、ともいえよう。秀村氏は、本書の魅力について、「在来のローマ史研究に見られない、新鮮な洞察に富む思想的な挑戦の書」とも述懐している。

このように、秀村氏は、トインビーが温めていた重要文献の翻訳につとめ、その思想的な真価を説いてきた。日本の読者に、遥かに遠い「古典ギリシア」の歴史と真実をつたえ、現代の実践的な課題につないだ功績は大きい。さらに、秀村氏の多彩なトインビー体験を集成した一大論集が『トインビー研究』（片山祐三編、解説・吉澤、二〇〇二年）である。同書は、残念ながら、秀村氏の没後に『秀村欣二撰集—第三巻』

として上梓された。

いわゆる、先学のトインビーと秀村氏の運命的な出会いと、豊かな知的交流をたどる記念碑的な著作である。本書を飾る二つの柱は、著者の学術的な関心を刻む「トインビー研究」と、現代的な実践課題に挑む「トインビー追想」である。いずれも、秀村氏が山本新氏の志をつぎ、長年にわたり代表理事をつとめた「トインビー・市民の会」（一九六八〜九七年）での知的結晶である。

秀村氏の業績は、なによりも専門史家として、いち早くトインビーの学術的な精華に注目し、その巨視的な洞察と現代性を広く明示したことである。今日の「トインビー研究」において、その原郷となる「ギリシア・ローマ史」の秀峰を自ら踏破し、後学の徒に新たな展望を開いた功績は大きい。秀村氏は、伝統的なアカデミズムの論難を精査しながら、「トインビー史学をまったく無視して、二十一世紀の歴史学の発展がありえるか」と問いかけている。

他面、晩年の秀村氏が、とくに「トインビー・市民の会」の先頭に立って果たした役割は広大で深い。その「平和の求道者」秀村氏を偲ぶ記念誌として、敬愛する親交者の静かな祈りをこめた『余韻』（清水昭次・片山祐三・秀村千穂子編、一九九九年）が上梓されている。

若泉敬と『未来を生きる』

若泉敬氏（一九三〇〜一九九六年）は、国内外にわたる第一線の国際政治学者として知られる。事実、アメリカの政府首脳や代表的な知識人との親交も深い。その一端は、M・マンスフィールドやW・リップマン等をはじめとする「オピニオン・リーダー会見記」に見ることもできよう。

また近年では、とくに「沖縄返還」（一九七二年）の交渉において、佐藤栄作首相の密使として重要な役割を果たした。その後、あえて自ら関与した「密約」の存在と経緯を公表し、自著『他策ナカリシヲ信ゼムト欲ス』（一九九四年、英語版・二〇〇二年）を上梓した。その「良心と真実」をかけた証言は、社会的にも大きな衝撃と波紋を呼んだ。きっと、今日も基地問題の重圧に苦しむ沖縄県民への心からの謝罪と自責の念を秘めての決断であろう。一面、何かと現状の私利私欲と欺瞞《ぎまん》に満ちた「楽園の愚者」との訣別でもある。そこに、若泉氏の真摯なまなざしと高邁《こうまい》な精神をかいま見ることもできよう。

他面、新たに若泉氏の名声を高めたのは、他ならないトインビーとの知遇を契機としている。若泉氏自身、トインビーを終生「心の恩師」と仰ぎ、私淑の念はきわめて深い。ところで、若泉氏とトインビーとの縁は、どのように結ばれたのだろうか。じつは、トインビーの第三回の訪日（一九六七年）は、新設間もない京都産業大学の招聘《しょうへい》によるものであった。若泉氏は、かつてトインビーが教鞭を執ったロンドン大学に学び、また当時国際政治学の俊英として京都産業大学に奉職している。トインビーの訪日にあたっては、直接ロンドン（チャタム・ハウス）での交渉

若泉敬氏との対談（『未来を生きる』口絵写真より）

から、全般にわたる諸準備の大役を果たしたのが若泉氏である。

また、トインビーの一ヵ月余におよぶ滞在中は、身近な世話役として全行程を共にし、日々その謦咳《けいがい》に接している。若泉氏は、トインビーの印象について、人格および思想においても非常にすぐれており、とくに「人間として完成の域に近づいた人物」と評し、自ら「人間的に教えられることが多かった」と述懐している。

この折は、すでにトインビーも七十八歳の高齢であった。公式の日程は、健康状態も考慮して二回の講演に限られた。その講演の一つは、学内講演としての「世界の未来像と文化」である。いわゆる、現代における危機の本質を、トインビーのいう「モラリティ・ギャップ」（倫理上の断絶）にあると考える。現に、原子力の発明と核兵器への悪用は、その象徴的な事例となろう。

いま、人生の指標として、真の意味での「精神圏」（ティヤール・ド・シャルダン）に思いを深めたい。かつて、仏陀やキリストといった世界宗教の始祖たちが説いた道もここにある。この新たな希望の光を、世界のどの文明に仰《あお》ぐことができようか、と講演を結んでいる。ひそかに、東方アジアへの期待を見ることもできよう。他の一つの講演は、自らとくに希望した「人口の都市集中化における問題点とその対策」であった。

その後、若泉氏はトインビーとの親交を重ねながら、ついに両者による「対話」プランを実現する。この発案は、若泉氏によるもので、当時（一九六〇年代）世界を席巻した大学紛争を背景としている。とくに、学生の激しい「異議申し立て」には、たんなる「世代の断絶」をこえる現代文明の本質的な問題が感じとられた。トインビーは、病後の身でありながら、この対話に大きな情熱をそそぎ、最善の準備をもってのぞんでいる。実際の進行は、若泉氏が現代の主要な問題について質問し、トインビーが答えるという問答形式をとっている。

その全容は、毎日新聞で「トインビーとの対話―未来を生きる」と題されて連載（一九七〇・八・二四〜一二・二〇、全九十七回）された。その大きな反響は、続編の第二部となる「続・未来を生きる——トインビーと〝あなた〟との対話」（一九七一年）の追加からも察知できよう。若泉氏は、トインビーとの対話を終えて、「あの衝撃と感銘を終生忘れないであろう」と回想する。

この新聞紙上、異例ともされる長期連載は、当初の予定通り単著『未来を生きる』（毎日新聞外信部訳、一九七一年、文庫版一九七七年、英語版・一九九一年）として刊行された。

本著の主題は、「現代における断絶（ギャップ）」である。その深い心の溝を埋めるには、何よりも現代の価値観を問い直し、自己中心性をこえる「精神革命」が必要であろう。まず、第一章「今日の生きがい」では、人生の目的にふれ「愛すること、英知を持って理解すること、創造すること」をあげている。この自己犠牲をも惜しまぬ価値の実現こそ、トインビーの生涯を彩るものであった。

また最後の第八章「若い世代への期待」は、この対話の核心をしめる。今日の新たな挑戦として、その加速度的な変化の中で苦悩する若者へのトインビーの同情と信頼感は深い。現代の基本問題を解くことは、つまるところ「人生いかに生くべきか」という根源的な問題に帰着する。若泉氏と交わしたトインビーの応答は、いま誰しも避けられない「現代人の討議」として、新たな重みをもって甦《よみがえ》る。

若泉氏の業績は、自ら国際政治学者として、トインビーの高い条理と大局的な展望に高い評価をあたえたことである。さらに、敬愛する師との画期的な「対話」を実現したことである。この魂の触れあう対話によって、日本におけるトインビーへの関心が深まり、その裾野《すその》を広げたといえよう。いわば、これまでの一部の専門家や知識人だけでなく、ことに若い世代や一般市民にとっても「身近な存在」となった。

他面、若泉氏は「トインビー博士追悼講演会」（トインビー・市民の会主催、一九七五年）では、トインビーにゆかりの深い松本重治氏、蝋山政道氏とともに、トインビーの「自己にきびしく、他者に寛容な人柄」を偲ぶ講演を行っている。晩年の若泉氏が告白するように、トインビーとの親密な交流は、まさに「命が洗われる」救済のひと時であったのだろうか。若泉氏に関する評伝『「沖縄核密約」を背負って——若泉敬の生涯』（後藤乾一、二〇一〇年）の一隅には、「A・トインビーを慈父として」の一文がひそかに収められている。

池田大作と『二十一世紀への対話』

池田大作氏（一九二八年〜）は、新たに仏法による価値創造と実践を目ざして創設された仏教団体・創価学会（一九三〇年）の会長を歴任し、現在名誉会長である。その

池田大作氏との対談　©Seikyo Shimbun

根本理念は、鎌倉時代の法華宗宗祖・日蓮に遡る。いわば、仏教哲理の奥義として「生命の尊厳」を基調に、まず「自己の幸福」への願いを社会建設につなぎ、さらに「世界の幸福」への祈りに止揚するものであろう。ちなみに、池田氏を会長とする「ＳＧＩ」（創価学会インタナショナル）の憲章には、普遍的な人間主義を礎とする「世界市民の理念」「寛容の精神」「人権の尊重」等が高らかに謳われている。同時に、非暴力と対話による人類史的な貢献の道が唱えられる。

その二十一世紀の命運を問う「珠玉の語らい」として、異色の「トインビー・池田対談」（一九七二・七三年）が実現する。トインビーに関すれば、桑原武夫氏が語るように、「宗教が政治権力と拮抗する力をもつ欧米の知識人は、創価学会への強い興味をもっている。トインビーもその一人である」ということになろう。事実、アメリカ史学界を代表するW・H・マクニール氏の見解も、その例外ではない。

もとより、トインビーは、現代を代表する歴史家の一人である。その大きな特徴として、歴史における宗教の重視をあげることもできよう。とくに、自ら二つの世界大戦を体験し、現に核兵器の使用による人類滅亡の暗雲もたちこめる。本来、卓抜な歴史家の使命は、やはり時代の危機と対決する思想家の高みに昇華されるものであろう。トインビーの宗教観では、折おりに東洋古来の知恵や大乗仏教の遺産が話題となる。ちなみに、歴史的な「世界宗教」の伝播《でんぱ》や分類法を見ても、大乗仏教の「寛容性と包容性」に対する評価は高い。

また、第二回の訪日（一九五六年）に際して、とくにトインビーが日本史家に希望した中心課題の一つは、十二、三世紀における「日本仏教の歴史的な展開とその政治的・社会的条件」であった。他方、著名な仏教哲学者の鈴木大拙氏は、トインビーの大著『歴史の研究』（邦訳、全二十五巻）に「推薦のことば」を寄せ、ことに「トインビーの宗教的寛容の精神と東洋思想とりわけ仏教思想についての造詣の深さ」に感嘆している。その後、トインビーの日本仏教への関心を新たに深めたのが、若泉敬氏も推薦した仏法思想家・池田氏との「対話」となろう。

池田氏は、かねてよりトインビーに大きな関心を寄せていた。すでに、主著『歴史の研究』をはじめ多くの著作を精読し、その「広い視野と深い洞察」に新たな感動を覚える。とくに、トインビー思想の基本概念となる「挑戦と応戦」の理論は、人間事象の深淵と精髄を読みとく嚮導《きょうどう》理念ともなった。たとえば、歴史上の「文明の盛衰」や「高度宗教の誕生」等の問題である。また、現実の人間活動がはらむ内面的な省察として、不条理な苦悩の創造的な意味を解き明かす鍵ともなった。

さらに、晩年におよんでも自己の超克に最善をつくし、人類の行く末を真摯に案じるトインビーの姿は、まさに「真の知性の根本的な使命」を投影するかのようである。その意味で、池田氏にとってトインビーの存在は、同じ思索の旅人として「大きな希望」のともし火となった。このような、池田氏の心の琴線にふれるトインビー観と

「対話」への道程は、その著『新・人間革命』（第十六巻、二〇〇六年）に見ることができよう。

このトインビーと池田氏の歴史的な「対談」は、ロンドンのトインビー邸で二回にわたり行われた（第一回—一九七二年、第二回—一九七三年）。その対談の記録は、早速『二十一世紀への対話』（上・下巻、一九七五年、文庫本——上中下巻、二〇〇二・三年、英語版・一九七六年）と題して出版された。ちなみに、トインビーの命名による本書の英語版の題名は、『旧約聖書』（申命記）に由来する「生への選択」(Choose Life) であった。

この和英いずれの表題も、一種の「黙示録《もくしろく》」や「末法《まっぽう》思想」の予感を秘めて時代の転換を照らしている、といえよう。同書の意図は、トインビーの「一通の書簡」が示すように、「人類が直面する基本的な問題」を広く討議することである。またその主内容は、第一部の「人生と社会」、第二部の「政治と世界」、第三部の「哲学と宗教」の三部から構成されている。

晩年にみるトインビーの主要関心は、現代の「グローバル危機」を予見するかのように、人類史の未来を問うものであった。とくに、新たな「世界史の主導権」に関して、中国を基軸とする「東アジア」に大きな期待を寄せている。そこに、日本が果たす固有の役割も大きい（第二部―第四章）。今日、すでに経済優先主義をこえる「脱成長」の時代を迎えている。もはや、近代西洋の過度な「工業主義」を抑制し、また狭く閉ざされた「ナショナリズム」の亡霊をとり払う必要があろう。

いわゆる、新たな世界秩序として、人類の苦悩と希望を共に分かつ「世界政府」の創設が不可避である。その精神的な方位として、かつて高度宗教の始祖たちが実践した「自己超克の精神」が求められる。他面、池田氏が説く仏教思想の哲理に学べば、人間の生命活動として、その過信行為を自制する「中道の精神」や、人間と自然の共存原理を明かす「依正不二」の法理が新たに甦ることになる。

池田氏の業績は、お互いに東西文明の異なる視点を認めつつも、より高次の「人類の共生」という課題に向けて、実り多い「宗教間の対話」の道を築いたことである。両者の胸襟《きょうきん》を開いた「対話」は、広大な歴史的慧眼と深遠な宗教的心眼を結び、明日の「地球文明」を育む大きな「希望の光」となろう。とくに、この『二十一世紀への対話』は、トインビー思想の最終的な見解を収めている。その意味でも、きわめて貴重な研究文献である。

他方、同書は、すでに日本語版を継ぐ英語版をはじめ二十八ヵ国語に翻訳されている。さらに、この対談後にトインビーから伝えられた「一片のメモ」(今後対談すべき推薦者)は、新たに池田氏が世界の識者と対談する門出ともなった。その、トインビーをふくむ世界の知性と語った「魂の交響曲」は、荘厳な調べの『私の世界交遊録』(一九九六年)にかいま見ることができよう。

おわりに

わたしのトインビー体験――未来に向かって振りかえる――

出会いとある書簡

一人生の途上において、しばしば他者との出会いが一条の光を灯すことがあります。その思いがけない「精神的な体験」こそ、未来を生きる希望と創造の源泉ともなりましょう。わたしにとって、トインビーとの出会いは、まさに存在の神秘として「生の躍動」を秘めるものでした。ここに、自分史の一回想として、とくにトインビーとの出会いの一端を「未来に向かって振りかえる」ことにします。

わたしが、初めてトインビーの謦咳《けいがい》に接したのは、ちょうど最後の訪日となる一九六七年の十一月でした。その折トインビーは、すでに七十八歳の高齢であり、公式の講演会も二度に限られました。その一つが、トインビーが自ら望んだテーマでもある、「人口の都市集中化における問題点とその対策」（京都・国立国際会館、一九六七・一一・二八）です。

二十一世紀の重要課題の一つであり、またトインビーに「密室恐怖症」を感じさせた日本（東京）の都市化にとっても、無縁な問題ではありません。いまでも、トインビーがヴェロニカ夫人を携《たず》えて入場する温雅《おんが》で物静かな表情や、およそ二時間にわたる精力的な講演のまなざしが目に浮かびます。まさに、「真の世界人」としての英知と慧眼に、またいかにも誠実で謙虚な人柄にもふれて、胸の高鳴る思いでした。その際の、一見予想外とも見えるトインビーの都市論については、拙稿として「都市と文明――トインビーの視点と課題」（秀村欣二監修、吉澤五郎・川窪啓資編『人間と文明のゆくえ――トインビー生誕一〇〇年記念論集』所収、一八八九年、日本評論社）を書きとめたことがあります。

他面、かつて日本経済新聞紙上に、「トインビーの都市論に学ぶ」というテーマのもとに、全五回にわたる大型のシリーズ広告が掲載されました（一九八六〜八七年、長谷工グループ、監修・吉澤五郎）。毎回、トインビーの都市論にスポットをあて、その世界史的な考察と現代への提言を紹介したものです。その独自な企画は、日本における意見広告の先陣となり、またこれまで類を見ない「グローバルな都市論」として大きな反響を呼びました。あらためて、トインビーの都市論が時代を導く、との感慨も否めません。

もう一つの思い出として、トインビーと交わした小さな「往復書簡」があります。じつは、八王子・多摩の丘の「大学セミナー・ハウス」で、「トインビーと現代」を主題とする共同セミナー（一九七四・六）が開かれました。二泊三日の合宿セミナーで、多くの国公私立大学生が集い、熱心な討論は深夜にもおよびました。その折のプログラムは、第一部の「全体講義」を鈴木成高《しげたか》、木村尚三郎の両氏、第二部の「セクション演習」を山本新、秀村欣二、堤彪《たけし》の諸氏とわたしが担当しました。この講師陣容は、鈴木・山本両氏の大家を両翼にいだくように、まさに「歴史学と比較文明学」の対話ともなりました。いわば、その後のトインビー研究を導く貴重な礎《いしずえ》となりました。

その際、トインビーに造詣《ぞうけい》の深い飯田宗一郎・大学セミナー・ハウス館長の提案で、トインビーに「寄せ書き」を贈ることになりました。この、未来世代につなぐ共同セミナーの記念として、講師陣の思いを各々に色紙に託しました。早速、トインビーから返信が届き、「このたび、私の文明史観を現代の思想と実践につなぐ共同セミナーに、大きな関心と喜びを覚えます。とくに、有意義なセミナーを成功裏に導かれた指導教授の一人ひとりに、心から感謝の念を捧げます」との一文であった。その後、微力ながらトインビー研究の途につく一学徒として、大きな励ましとなる書簡でした。

トインビーのメッセージ

他方、一九六八年には、世界的にも稀有な「トインビー・市民の会」（現在、「トインビー・地球市民の会」）が創設されました。いわゆる、広く「トインビー思想の普及と実践」を目的にしたもので、親日家トインビーからも「大きな名誉」として同意と祝福を得ました。本会の誕生は、高品増之助氏（当時・東京商工会議所副会頭）が朝日新聞紙上に提唱し、トインビー研究の第一人者・山本新氏が理論的なアドバイザーとして呼応したものです。わたしも、山本氏の思わぬ要請で創設時から参加し、早速機関誌『現代とトインビー』の編集責任を負う羽目《はめ》になりました。

本会の活動は、日本での多彩な事業にとどまりません。東アジアの韓国、中国、ベトナムをはじめ、イギリス、アメリカ等にもおよぶ民際交流の実も結んできました。日本の主要各紙は、ユネスコが提起した「生涯教育」の、あるいは国境をこえる「NGO」(非政府組織)の先駆として、大きく報道しました。とくに毎年秋には、本会の最大行事として、斯界《しかい》の権威を迎えた「市民集会」が開かれました。その講師陣の一例として、谷川徹三、中村元《はじめ》、松本重治、蝋山政道、堀米庸三、永井道雄氏等の名が見えます。若輩のわたしも、本会の山本、秀村氏や小林直樹、西川潤氏等と並んで、その末席を汚がしたことがあります。

じつは、この市民集会に対して、毎回トインビーから「メッセージ」が寄せられました。これまで、トインビーの生存中に届けられたメッセージは、合計七篇におよびます。本書(口絵裏)を飾る「メッセージ」は、トインビーの謙虚な自己反省と公平な世界史観、さらに他文明に対する慈しみと日本人への期待を述べており、ひときわ感銘深いものがあります。このメッセージは、早速朝日新聞の学芸欄で、「自筆で書かれた手紙には、同博士の誠意があふれている」(一九六八・九・一九)と写真入りで紹介されました。

この他、トインビーのおもな「提言」として、全人類を一つの家族に結ぶ「新たな世界統合」、世界大での軍備撤廃と「平和世界の構築」、脱工業化への道と「先進諸国の責務」等が表明されます。そして最後のメッセージは、今日の生きる目標として、人類の真の至宝である「精神的な豊かさ」への開眼が謳《うた》われます。いずれも、世界史の転換期が直面する重要な問題群です。

ちなみに、ローマ神話の「ヤーヌス」は、頭の前方と後方に顔をもつ神として有名です。世の常として、人間は年老いるとともに過去に思いを寄せ、未来から目を背けがちです。しかしトインビーは、自ら「七十五歳のヤーヌス」と称してこの誘惑に抵抗し、未来の「死後の世界」に強い関心と責任をもった一人です。

トインビーの記念事業

その後、トインビーの没後（一九七五年～）も、折にふれ多くの記念行事が行われました。ここに、おもな公式行事の一端を素描しましょう。第一に、「トインビー博士追悼《ついとう》会」(一九七六・五、東京・虎ノ門ホール)があります。申すまでもなく、「現代の良心」とも称されたトインビーの逝去を悼《いた》み、その卓抜な業績と遺徳を偲《しの》ぶものです。講師陣は、生前のトインビーと親交の深い松本重治、蝋山政道、若泉敬の諸氏です。この「追悼会」には、ヴェロニカ・トインビー夫人の謝辞をはじめ、三木武夫(当時首相)、永井道雄、土光敏夫、松下幸之助、朝比奈宗源、湯川スミ氏等の、各界を代表する多くのメッセージが寄せられました。

なお、主催は「トインビー・市民の会」です。また、後援団体として、日本の主要新聞各社、日本放送協会、国際文化会館、国際連合協会、日本ユネスコ協会、ブリティシュ・カウンシル等があります。その折、わたしも総合司会の一役を仰せつかりました。いまでも、大きな会場を埋めつくした聴衆の、真摯《しんし》な哀悼《あいとう》の言葉と熱気が忘れられません。

第二に、一連の「トインビー生誕百年・アジアフォーラム」(一九八九〜九一年)があります。晩年のトインビーが期待を寄せた「東アジア文明圏」の集《つど》いとして、その壮大な歴史観と有効性を総合的に討議したものです。とくに、第一回の「東京フォーラム・Ⅰ」（一九八九・四、国立教育会館）では、イギリスからトインビーの令息ローレンス・トインビー氏（画家）を迎え、「父の思い出」と題する記念講演が行われました。また、中国や韓国および日本の研究者等を交え、初めてトインビーをめぐる「アジアの対話」が実現しました。この折は、新たな後援団体として、文部省、国際交流基金、日中協会、比較文明学会等が加わりました。

第二回の「東京フォーラム・Ⅱ」（一九九〇・六、国立教育会館）の主題は、「環太平洋時代のゆくえ――中国と日本」です。おもに中国と日本間の共同討議で、わたしも、「トインビーにおける日本と中国」と題して基調報告をしました。以下、舞台をアジアに移した「フォーラム」は、つぎのようになります。まず「韓国フォーラム」（一九八九・九、慶州・大邱）の主題は、「韓国の未来とトインビー」です。続く「中国フォーラム」（一九九一・四、北京・上海）の主題は、「世界史の転換と東アジアの地域協力――中国と日本」となります。双方ともに、トインビーに対する「アジアの回答」も交え、実り豊かな知の饗宴《きょうえん》となりました。わたしの報告は、韓国では「日本とトインビー」（KBSテレビ）、中国では「トインビーの歴史観と中国文明」でした。

なお、この「アジアフォーラム」の一環として、ベトナムを訪問（一九九六・一）し、ホーチミン総合大学長のグエン・ゴック・ジャオ氏や、ベトナム歴史学会長でハノイ国家大学教授のファン・フィ・レー氏等とも会談しました。とくに、トインビーに造《ぞう》詣《けい》の深いファン・フィ・レー氏が、「主著の『歴史の研究』は、フランス語版で全部読みました。広大で深遠なトインビー史観に魅せられ、授業でも学生に紹介していますす。とくに、トインビーの『文明表』ではベトナム文明を採択しています。非常に感銘しました。今後、できれば日本と共同研究をしましょう」との言葉が、いま重く脳裏をよぎります。

さらに、「トインビー没後二〇年記念事業」（一九九五・一〇）が続きます。その折は、とくに将来世代との対話を目ざす「フォーラム」（国立教育会館）と、日本で初めての「トインビー展」（高輪区民センター・ギャラリー）が、同時に開催されました。大きな反響を呼んだ同展の出品総数は、およそ六百点にのぼります。同展には、ローレンス・トインビー氏からメッセージが寄せられ、また新たな後援団体としてオックスフォード大学出版局が加わりました。

以下、今日の「トインビー・地球市民の会」による記念事業として、つぎのようなものがあります。第一は、「トインビー没後三〇年記念講演会」(二〇〇五・一〇、上智大学)です。主題は「文明間の対話と日本の選択」であり、わたしはその提題講演をつとめました。第二は、「トインビー生誕一二〇周年・記念シンポジウム」(二〇〇九・九、麗澤大学)です。その総合テーマは、「『人類と母なる大地』のゆくえ――いま、トインビーが世界に発信するもの」です。また、シンポジウムのテーマは、「『二〇世紀の良心』トインビーと現代――全人類を結ぶ英知を求めて」となっています。わたしも、一パネリストとして「二一世紀の文明史像とトインビー」について報告しました。折しも同年は、ちょうど「国連・和解年」(二〇〇九年)の年にあたります。新たに、トインビーの思想的な真価と実践的な課題を問う、有益な機会となりました。

周知のように、今年の日本は、困難な春を迎えました。その折は、急遽「トインビー・地球市民ゼミナール」として、「三・一一以後――未来を生きる挑戦に向けて」(二〇一一・七、代々木区民会館)を開催しました。いま、トインビーとともに人類史を読みなおし、ことに「苦悩を通しての英知」を学ぶ意味は深い、といえましょう。今後、二十一世紀の「市民社会」に向けて、たんに日本問題に限らず、とくに世界の痛みを分かちあい、人間としての感性と責任を磨くことが重要でしょう。ここに、長年の苦節をへた「トインビーの記念事業」の航跡を省みながら、ほのかな希望と感慨にさそわれます。

自著のおぼえがき

本を著すということは、なにか著者の心を駆りたてる「強い目的」を秘めるものです。トインビーの、主著『歴史の研究』の場合もそうでした。その高峰を仰ぎ見ながら、わたしも一連の著作活動に従事してきました。ここに、トインビーの思想を糧《かて》にした自己遍歴の一端として、自著に関する「おぼえがき」を記したいと思います。

まず、「トインビー」の名を冠するわたしの第一作は、文字通りの『トインビー』（一九八二年、清水書院）です。同書の出版は、恩師である山本新氏の推挙によるものです。そのおもな内容は、一、トインビーの生涯と思想　二、トインビーの歴史観　三、トインビーの宗教観　四、トインビーと日本、となっています。早速、秀村欣二氏から「山本先生とは別に、現在のトインビー研究および入門の最高文献」との過分な評価に与りました。山本氏の「本ができたら、ぜひ出版記念会をやりましょう」との祝福の言葉もかなわず、この小著はご霊前に捧げることになりました。なお、本書『トインビーとの対話』は、この前著の意匠を基本的に生かしながら、さらに新たな学的討議と今日の重要課題を軸に再編成したものです。

つぎに、共編著として三つの著作があります。第一は、『地球文明への視座――トインビーの現代論集』（秀村欣二・吉澤編、一九八三年、経済往来社）です。これまで日本の主要新聞は、世界の大事件や記念すべき出来事について、決まってトインビーの意見を求めました。同書は、その主要な寄稿論文を整序して、新たに一書にまとめたものです。この折、ヴェロニカ・トインビー夫人から、著作権の承認とともに、「出版のご成功を、心からお祈りします」とのメッセージが寄せられました。

第二は、『人間と文明のゆくえ――トインビー生誕一〇〇年記念論集』（秀村欣二監修、吉澤・川窪啓資編、一九八九年、日本評論社）です。同書の巻頭は、ローレンス・トインビーの「父の思い出――人間トインビーを語る」と題する手記が飾ります。また、かつてアメリカ歴史学会会長で、トインビーと親交をもつW・H・マクニール氏の「アメリカにおけるトインビー評価」をはじめ、内外の四十四名におよぶ識者の論考とエッセイが収められています。ちょうど、「フランス革命二〇〇周年」の年に、トインビーの「ナショナリズム」をこえる人類史的な視点を提示した意味は大きいと思います。

第三は、『文明の転換と東アジア――トインビー生誕一〇〇年アジア国際フォーラム』(同上、監修・編、藤原書店、一九九二年)です。同書は、先の「東京フォーラム」および「アジアフォーラム」の全体記録と海外特別寄稿を中心に、およそ五十編からなります。とくに、晩年のトインビーが期待を寄せた「東アジア」を舞台に、新たに「世界史の中のアジア」という巨視的な視座から語り合ったことは注目されます。トインビー研究で一歩先行する日本が、これまでの脱アジア的な思考を自省し、隣国の東アジアに呼びかけた「フォーラム」の意義は深いと考えます。

さらに、折にふれ書きとめた多数の共著があります。その出色の一書が、『トインビーの中国観』(山本新、秀村欣二編、一九七八年、社会思想社)です。本書は、トインビーがいだく中国観の多様な関心と見解について、その全体像と重要な側面を切り開いたものです。執筆陣は、編者のほか、谷川徹三氏をはじめとする十名です。わたしは、「世界史の再構成と中国文明」という題で執筆しました。なお同書は、中国で二種の訳本が出版されています。また、「人民日報」（中国共産党中央委員会・機関紙、一九八九・四・二）でも大きく紹介されました。

その他の共著名を列記すれば、つぎのようになります。ことに、山本新編による『トインビーの宗教観』（一九七四年、第三文明社・レグルス文庫）、『トインビーのアジア観』（一九七五年、同上）、『トインビーの歴史観』（一九七六年、同上）等です。これらの論集は、いずれも、当時の「トインビー・市民の会」が催した「公開市民講座」を基調に編まれたものです。とくに、トインビー思想の核心となる特定テーマに絞り、広く一般読者に訴える役割を果たしました。

他方、わたしの単著『世界史の回廊――比較文明の視点』（一九九九年、世界思想社）は、トインビーの世界史像を歴史的に検証し、明日の人類共生と地球文明のゆくえを展望したものです。ちなみに、伊東俊太郎氏は「壮大な比較文明学の見地から、諸文明の特質と今後の課題を見事に剔出《てきしゅつ》した功績は大きい」との論評でした。また、つぎの『旅の比較文明学――地中海巡礼の風光』(二〇〇七年、同上)は、トインビーが愛した文明史紀行を道標としながら、現実の境界をこえる「もう一つの世界風景」を体験的に描いたものです。青木やよひ氏は、「高度に学問的内容をもつ旅の実体験から、人類規模の『知の共生』を示してくれた得難い書物」との新聞寄稿を行いました。

このように、あらためて自著の周辺を省みるとき、つねにその創造の源泉にはトインビーの歴史的な霊感が宿るようにも思えます。その、大いなる挑戦にどう応答するか。これから、世界と人類の心を一つに結ぶ祈りと旅路は、まだ遙遠《ようえん》として果てしなく続きそうです。

感謝のことば

さいごに、わたしなりの「人生の巡礼行」に、ときとして険しい道のりにも、温かく手を差しのべてくださった多くの人びとへの想いが募ります。ここでは、強いてトインビーを冠する「二つの会」の道行に同行された方がたに、お名前を掲げて心からの感謝を捧げます。

まず、「トインビー・市民の会」（一九六八〜九七年）です。恩師でもある山本新、鈴木成高の両氏。さらに、高品増之助、秀村欣二、小林直樹、神山《こうやま》四郎、國弘正雄、伊東俊太郎、神川正彦、米山俊直、西川潤、堤彪、川窪啓資、川戸力氏等の諸氏です。つぎに、「トインビー・地球市民の会」（一九九七年〜）です。数原孝憲、片倉もとこ、服部英二、高山智、小野寺功、寺尾寿芳、加藤三朗、相田達雄、内田正治氏等の諸氏です。また、前者の総務および編集責任者の藤本栄子さん、および後者の同じ重責を果たされた吉田朝子さんのご尽力は、特記するものがあります。今日、機関誌『現代とトインビー』と『二一世紀とトインビー』の通巻号数は、すでに一〇七号を数えます。その創意をこめた論陣は、高い評価を得ています。

今年（二〇一二年）は、ちょうどトインビーの主著『歴史の研究』（全十二巻、一九三四〜一九六一年）が完成して五十周年になります。同時に、トインビーが世界の巨匠とともに創設した「国際比較文明学会」（一九六一年、オーストリア・ザルツブルク）の創立五十周年にもなります。この記念すべき年に、偶然にも本書の刊行をみたことは、なにか神秘的な感動すら覚えます。出版に際しては、第三文明社・書籍編集部に大層お世話になりました。かつて「トインビー三部作」というべき同社の「レグルス文庫」以来の、懐かしい共同作業となりました。記して謝意を表します。

本書が、いささかなりとも、時代の暗闇を照らす「希望の星」（レグルス）として輝くことができればと、心ひそかに念じます。

二〇一一年九月二十五日

吉澤五郎

【付録】

●トインビーからの自筆メッセージ（「トインビー・市民の会」へ）

貴会に私の名前を冠せられたことは、私にとって大きな名誉であります。私は生涯を通じて、人間事象を全体的に一つの統一体として考えるよう説いてきました。とくに私は西欧の友人に、西欧すなわち全世界と考えるような過ちに陥らないよう説得してまいりました。いわゆる、東アジア、インド、イスラム、アフリカ、そして東方正教（ギリシア正教）世界等の各文明が果たした役割は、人間事象にとってはどの一つをとっても、少なくとも西欧のそれと同じく重要で創造的であるということを、納得するよう力説してきたのであります。それぞれの文明が達成した業績は、すべてわれわれ人類の尊厳に、貴重な貢献をはたしているのであります。

おそらく日本の人びとは、この人間事象についての真理を、われわれ西欧に住むものが今までのところ理解している以上に、認識されていると思います。私は「トインビー・市民の会」が、この考え方を日本国内にとどまらず、広く他国の人びとにも広められるよう努力されることを願うものであります。

（アーノルド・トインビー――一九六八・九・一二、本文口絵裏の文章―邦訳）

●「改めて読むトインビー」――現代を読み解く鍵として――

トインビーの知的肖像

アーノルド・トインビーの歴史観には、「人の心を打つものがある」といわれます。彼の人と思想の魅力とは、いったいどのようなものでしょうか。その中心点を探りたいと思います。

トインビーの特徴として、およそつぎの三点があげられます。

その第一点としてあげられるのが、「世界史的な視野」です。彼の主著『歴史の研究』の執筆動機は、人類史の全体的で相互関係的な考察にありました。近代の伝統的な歴史観は、自分の帰属する民族や国家を中心とし、とくに西洋中心の歴史観が横行していました。しかし、トインビーは「西洋すなわち全世界か?」との疑問を投げかけます。その自己中心的な視野の偏向をただしながら、諸文明の業績と貢献も、西洋文明と等しく評価しようとしました。

そもそもトインビーは、オックスフォード大学おける「古代ギリシア・ローマ史」の俊英として、将来を嘱望されました。しかし、第一次世界大戦の歴史的な危機を体験します。その折、激動する現代史に開眼し、広く世界史の全体像と意味を問う「比較文明学」という新たな学問を創造することになりました。

トインビー史観の原点は、伝統的な近代歴史学に巣食う「ナショナリズム史観」や「西洋中心主義」の克服にあります。また、近代西洋的な思考の特徴は、高度な「分析性」と「専門分化性」にあります。しかし、かつて詩人のポール・ヴァレリーが「豊富なる無知」と称したように、ややもすれば人間の全体像や存在の根拠を見失いがちです。

現に世界は一体化しつつあり、トインビーが「共通の希望と共通の恐怖」と表現したように、全人類共同の「地球文明」が形成されつつあります。昨今では、人類の問題を地球的および世界的な視野から再考する「新しい世界史学」（グローバル学）も登場するようになりました。このような、現代史学の課題と方向に照らすとき、トインビーはまさに「二十世紀最大の歴史家」と謳《うた》われることになります。

第二点としてあげられるのが、「自己偏見の克服」です。これまで、人類史の営みには、不幸にも「文明のひずみ」ともいうべきさまざまな偏見が付着しています。トインビーの『歴史の研究』縮刷版（サマヴェル版）の「序文」には、彼自身が、つとめて西洋的偏見やキリスト教の呪縛《じゅばく》から脱却しようとしたと記されています。

たとえば、「私はたまたま西欧人に生まれたに過ぎない。人間の考えがいかに自分の生まれた〈時と所〉によっているか。それは、偶然なもので絶対的なものではない」、「つねに、自分に巣喰っている独りよがりな西洋的思惟の制約を自覚し、極力その限界を克服しようとした。しかし、それに成功したかどうかについて、私が断定することはできない」と述べています。

これが書かれたのは一九四九年です。すでにトインビーはイギリスのみならず、世界的な名声を博した大家となっていたのです。その絶頂期での謙虚な自己反省に、トインビーの誠実な人柄を偲ぶことができます。

ここに、一つの具体例をあげましょう。トインビーが作った世界史の「文明表」(一九五四年)があります。そこには、七つの系譜、二十一の文明が取りあげられています。西洋文明は、その七系譜の一つに連なる一文明に過ぎないのです。いわゆる、西洋中心史観の軌道を修正し、諸文明の同等性と平等性を訴えているのです。

また、宗教観においては、真理の独占権を否定し、キリスト教の自己批判と諸宗教の対話の道を説いています。なお、インド系宗教の「寛容と包容性」の精神にも注目しています。さらに、今後の世界史の主導権は、非西洋文明にあるとも言い、インドや東アジアへの期待を表明しました。

他面、トインビーは、「国際政治学」の草分けとしても名をなしています。早くから、イギリス政府が刊行する「年次報告書」(ブルーブックス)の編纂にあたっています。さらに、第一次世界大戦後と第二次世界大戦後の、いわゆる二つの「パリ講和会議」(一九一九年、一九四六年)に出席した異色の専門家でもありました。その国際政治観は、古典的な「強国による勢力均衡」といった限定をこえる、広く歴史的な慧眼と高い倫理性に導かれるものでした。また、近代西洋人のおごりともいえる「人種差別」のドグマに挑み、その解消に努めています。

第三点としてあげられるのが、「弱者への共感」です。トインビーは、よく「苦悩を通して、智は来たる」(アイスキュロス、『アガメムノン』)という言葉を引用します。歴史を語る際も、その勝者ではなく敗者の側、つまり虐げられ抑圧される階層、集団、人びとからの追体験として語りかけます。そして、敗者とされる側の創造性と英知に注目し、高く評価しています。

その象徴的な事例として、高度宗教つまり世界宗教の誕生があります。その始祖の多くは、社会的な支配層というより、何らかの意味で社会に属さない者や階層から生まれていますす。また、世界宗教の多くは、勝利した文明というより、むしろ敗北した文明を母胎としています。きっと、敗者には「苦悩の英知」が宿る、ともいえましょう。じつは、その真の精神的な価値こそ、次代をになう新たな文明の礎ともなりました。

このような独自の着想と思考は、人生の深遠な意味と価値を再吟味する一助ともなるでしょう。若泉敬氏との対談『未来を生きる』(一九七一年)では、人生の目的として、つぎの三点をあげています。すなわち、自己中心性を克服するための精神的な「愛」、物の豊かさから心の豊かさへと転換する「英知」、社会の現状を善の方向へと変革する努力としての「創造」をあげました。これらの理念は、晩年のトインビーにおいて、開発途上国の自立やパレスチナ難民の救済等への実践的な課題として結ばれました。トインビーが世に「二十世紀の良心」とも呼ばれ、多くの人びとの心をとらえるゆえんでもありましょう。

二十一世紀の課題とトインビー

トインビーは、現代を人類文明史の大転換期と考えていました。わたし自身は、今日の転換期を「第二の黙示録《もくしろく》」の時代と表現しています。この意味は、イギリスの天文学者マーティン・リースが二十一世紀を「人類最後の世紀?」と呼び、人類生態学者ジャレド・ダイアモンドが「文明崩壊」と呼んだ意図と同じくするものです。

とりわけ、トインビーの晩年の思索は、現代文明の危機の本質である「モラリティ・ギャップ」（倫理上の断絶）をいかに克服するかにありました。すなわち、全人類の存続と平和構築を目ざす新たな「世界国家」の構想、人間と文明の存在理由を再定義する「宇宙における人間の位置」の探求、限られた生命圏との調和を図るための「地球環境問題」等の考察です。いわばトインビーは、その生涯をかけて、全人類の前途を案じ、また文明の望ましい自己変容と共生の道に心を注いだといえましょう。

池田大作氏との対談『二十一世紀への対話』の原題は、『生への選択』です。わたしたちはいま、ほかならぬ人間存在の進化を問う「生と死」の、旧約聖書の言葉に照らせば「祝福と呪い」を分かつ「生への選択」を迫られています。新たな二十一世紀を迎えて、トインビーとの対話を深める意義は、ことのほか大きいといえましょう。

ところで、二十一世紀の現代の状況はどうでしょうか。

急速な科学技術の進展によって、逆に人類の崩壊が近づくという「文明の逆説」は、いまだに解かれていません。むしろ、世界の一体化のなかで、核拡散や環境問題をはじめ、民族・宗教間紛争、貧困・難民問題等の地球的問題群、つまり「グローバル危機」は増大しています。

他面、二十一世紀の開幕は、二〇〇一年に国連が「文明間の対話・国際年」を掲げ、またユネスコは「文化の多様性に関する世界宣言」を行いました。いわゆる、世界的な対話と共生の道が開かれようとしています。これらの動向はまさしく、トインビーがいち早く重視し、歴史的な構想を温めていたものです。時代は、ようやくトインビーに追いつき始めたといえるのでしょうか。

二十一世紀という人類未到の、また見通しの困難な「地球文明」を迎えて、トインビーの世界的な知見と洞察に学び、その全体構想と行動指針を創造的に問う意義はきっと大きいはずです。

つねに世界的な視野に立ち、自己偏見を正し、弱者へ温かいまなざしをおくる。そのトインビーの知的遺産を、いま「未来に向かって顧みる」勇気をもちたいものです。

（吉澤五郎――『第三文明』、二〇〇七年六月号掲載〈一部改稿〉）

●「二十一世紀と生への選択」
——トインビー生誕百二十周年に寄せて——

もし、「二十世紀の良心」と謳われたトインビーが生きていたら、今日の「バベルの塔」が崩れるような暗雲に、どんな診断を下すだろうか。

これまで、国内外の主要紙は、こぞって大事件に際して、また新年の年頭所感として、トインビーの論説を掲げてきた。今年（二〇〇九年）は、そのトインビーの「生誕百二十周年」にあたる。この佳節に、あらためて「トインビーの肖像」について、とくに「未来に向かって顧みる」ことにしよう。

アーノルド・トインビーは、一八八九年四月十四日にイギリスのロンドンで生まれた。世に「二十世紀最大の歴史家」と称され、その大著『歴史の研究』（全十二巻、オックスフォード大学出版局）は、今なお「不朽の名著」として名高い。

彼の死去に際して、母国イギリスの「ザ・タイムズ」紙は、「人類史の根本問題に対する深い洞察と展望」との賛辞を贈った。同じく、「オブザーバー」紙も、「『真の世界人』と名づけるにふさわしい唯一の歴史家」として讃えた。

一方、親日家であるトインビーだけに、日本の各紙も大きくその訃報を掲載した。各々に、「世界的に著名な歴史学者」（朝日）、「〝東西文明融合の英知〟逝く」（毎日）、「永久に残る精神」（読売）との言葉を付し、その偉業を偲《しの》んだ。トインビーは、戦前戦後を通して、三度来日しており、日本との縁も深い。

その後間もなく、「トインビー生誕百年」（一九八九年）を迎える。彼とゆかりのある各地では、一連の記念行事や追悼論集の刊行が行われた。たとえば、アメリカ歴史学界の重鎮としてトインビーとも親交のあるW・H・マクニールは、「二十世紀のもっとも注目すべき思想家」と評して、巨大な伝記『アーノルド・トインビー――その生涯』（オックスフォード大学出版局、一九八九年）を上梓した。

また日本でも、トインビーの「祝福と期待」を受けた「トインビー・市民の会」（現「トインビー・地球市民の会」）の主催により、国際色豊かな記念事業が遂行された。たとえば、「人間と文明・国際フォーラム」（一九八九年、東京）および「トインビー・アジアフォーラム」（一九八九〜九一年、日本・韓国・中国・ベトナム）等の開催である。いずれも、トインビー思想の現代的な息吹と重要性を再吟味したものである。

他面、これまで、トインビーの知的遺産を集成する「三つのトインビー展」が催された。

第一回（一九七二年）は、イギリスの名門オックスフォード大学出版局の主催により、故郷のロンドンで開かれた。「トインビー研究展」と題された同展には、初期の作品・伝記資料から著作集におよぶ三百点が展示された。トインビーの書簡によれば、国際的にも「異色の書籍展」として、きわめて盛会裏に終了したとのことである。

第二回（一九九五年）は、「トインビー・市民の会」（秀村欣二代表）の主催により、東京・高輪区民センター（展示ギャラリー）で開かれた。ちょうど「トインビー没後二十年」記念事業の一環をになうもので、とくに日本をはじめアジアのトインビー関係資料およそ六百点を紹介している。トインビーの令息ローレンス・トインビー氏（画家）から、日本での好意と普及活動への感謝とともに、「世界平和への相互理解こそ、父の目標であった」というメッセージが寄せられた。

第三回（二〇〇三〜〇六年）は、創価学会青年部（各地域の実行委員会）の主催により、発信地の仙台市を皮切りに、全国十九会場を巡って開かれた。とくに、「『二十一世紀への対話』――トインビー・池田大作展」と掲げられるように、歴史的な〝トインビー・池田対談〟の終了から三十周年を記念したものである。広大な会場には、トインビーの直筆原稿をはじめ書簡・写真等およそ三百点が展示された。わたしも、独自の企画案が採択されて「横浜展」を参観した。

かつて、世界的に著名な仏教哲学者である鈴木大拙は、トインビーの『歴史の研究』を評して、その全体観と東洋思想への造詣から、「仏教思想の精髄に通じる書」と絶賛した。この対談も、東洋の英知として「大乗仏教」に注目したトインビーが、池田氏に宛てた「一通のエアメール」(一九六九年)を機縁としている。

今日、身近に、終末の予感を秘めた「第二の黙示録」が囁《ささや》かれる。総じてトインビーの卓抜な思想と労作は、いわば二十一世紀の「生への選択」(Choose Life)という、現代に課せられた重大な挑戦に対するいち早い応答でもあった。わたしも、新たにトインビーのメッセージを伝える一役をになったことがある(二〇〇六年十二月二十四日、ｔｖｋ〈テレビ神奈川〉で放映された「dialogue・対話―平和社会へのキーワード」)。

今年の秋には、ちょうど国連の「国際和解年」を彩るかのように、トインビー生誕百二十周年の記念シンポジウムと講演会が開催される（十一月十四日、麗澤大学・比較文明文化研究センター主催、比較文明学会等後援）。総合テーマは、晩年のトインビーがもっとも案じた「『人類と母なる大地』のゆくえ」である。

新たに、「彼は死すれども、今なお語る」という感慨を深める昨今である。

（吉澤五郎――『聖教新聞』、二〇〇九年四月五日付より〈一部改稿〉）

【資料】

トインビー年譜

西暦	年齢	年譜
一八八九		四月十四日、ロンドンに生まれる。
一九〇二	13	ウィンチェスターのコレッジ・オブ・セント・メアリー校に入学。
〇七	18	セント・メアリー校を卒業。オックスフォード大学のベイリオル・コレッジに入学。
一一	22	ベイリオル・コレッジを卒業し、同学寮のフェロー（研究員）兼テューター（学生指導教師）となる。 翌年の夏まで、ローマとアテネにあるイギリス考古学研究所研究生として、ギリシア・ローマ史の史蹟を実地に検分する。
一二	23	ベイリオル・コレッジのテューターとして学生を指導。
一三	24	ギリシア古典研究の第一人者ギルバート・マレーの娘ロザリンドと結婚。
一四	25	トゥキュディデスを購読中、ギリシア文明の挫折と西洋文明の挫折との「哲学的同時代性」を発想。

一五	26	『国民性と戦争』を出版。
一九一六	27	『オスマン帝国におけるアルメニア人の処遇』を出版。
一八	28	大学を辞し、イギリス外務省政治情報部に勤務。
一九	30	パリ講和会議に中東地域専門委員として出席。 ロンドン大学キングス・コレッジのコライス記念講座担当教授に就任。
二〇	31	オスヴァルト・シュペングラーの『西洋の没落』を読み、比較文明論に開眼。
二一	32	ギリシアとトルコ交戦地域を視察。その記事を『マンチェスター・ガーディアン』紙に掲載。 主著『歴史の研究』の全構想を得る。
二二	33	『ギリシアとトルコにおける西洋問題』（文明単位の最初の著作）を出版。
二四	33	ロンドン大学のコライス記念講座担当教授を辞任。 『ギリシア文明とその性格』『ギリシアの歴史思想』出版。
二五	36	王立国際問題研究所（チャタム・ハウス）の研究部長に就任。『国際問題大観』の執筆にあたる。『国際問題大観、一九二〇～二三』を出版。（以後、原則として一九五二年まで毎年これを出版する――三九年よりの戦争期間を除く） ロンドン大学国際史研究教授に就任。

二九	40	『平和会議後の世界』を出版。
		京都で開かれた第三回「太平洋問題調査会」にイギリス代表団の一員として来日。七月から翌年一月まで、ヨーロッパ、小アジア、西アジア、日本、朝鮮、中国、ソ連を旅行。
一九三〇	41	『歴史の研究』の執筆の開始。
三一	42	『中国への旅』(二九年の旅行記)を出版。
三四	45	『歴史の研究』(一〜三巻)を出版。
三七	48	イギリス学士院会員に推薦される。
三九	50	『歴史の研究』(四〜六巻)を出版。
		王立国際問題研究所の対外調査広報室長に就任。
四二	53	「国際関係評議会」の招きをうけ、アメリカ各地で講演。
四三	54	外務省調査部長に就任。
四六	57	パリ平和会議にイギリス代表団の一員として出席。外務省調査部長辞任。
		『歴史の研究』(サマヴェル縮刷版、一〜六巻)を出版。
		ロザリンドと離婚し、ヴェロニカ・マジョリー・ボゥトラーと結婚。
四七	58	アメリカ、カナダの各大学で連続講演。

四八	59	『試練に立つ文明』を出版。
五一	62	A・V・ファウラー編集の『戦争と文明』を出版。
五三	64	メキシコへ研究旅行。 『世界と西洋』を出版。
一九五四	65	『歴史の研究』(七〜一〇巻)を出版。
五五	66	王立国際問題研究所調査部長、ロンドン大学国際史研究教授を辞任。ロンドン大学名誉教授となる。
五六	67	名誉勲位保持者(C・H)になる。オックスフォード大学ベイリオル・コレッジ名誉フェローとなる。 『一歴史家の宗教観』を出版。 国際文化会館の招きで二回目の来日。二月から翌年八月まで、南米、ニュージーランド、オーストラリア、インドネシア、日本、東南アジア、インド、セイロン(スリランカ)、パキスタン、中東を研究旅行。
五七	68	『歴史の研究』(サマヴェル縮刷版、七〜一〇巻)を出版。 『歴史の教訓』(日本での講演集)を出版。
五八	69	P・バグビーの『文化と歴史』を読み、文明表の大修正に着手。

		『歴史の研究』（一一巻、地図・地名索引）、『現代宗教の課題』、『東から西へ』（一九五六年の旅行記）を出版。
五九	70	『ヘレニズム』を出版。
六〇	71	二～七月、パキスタン、アフガニスタン、インドを旅行。
一九六一	72	『歴史の研究』（一二巻、再考察）、『オクサスとジャナムのあいだ』を出版。 アメリカ、カナダ、プエルトリコを旅行。十二月にエジプト旅行。
六二	73	『アメリカと世界革命』、『西半球の経済』『現代西欧文明の実験』を出版。
六三	74	『現代人への疑問』（息子フィリップとの対談集）を出版。
六四	75	二～四月、ナイジェリア、スーダン、エチオピア、エジプト、リビアを旅行。 十月～翌年三月、アメリカ講演旅行。
六五	76	『ハンニバルの遺産』（二巻）、『ナイルとニジェールのあいだに』を出版。
六六	77	『現代が受けている挑戦』を出版。
六七	78	京都産業大学の招きで三回目の来日。 『交遊録』を出版。
六八	79	日本政府より、勲一等瑞宝章をおくられる。
六九	80	『回想録』（自伝）、『ギリシア史の諸問題』、『日本の印象』（来日中の諸文を収録）を出

		版。
七〇	81	『爆発する都市』を出版。
七一	82	『未来を生きる』（若泉敬氏との対談集）、続編『トインビーと〝あなた〟との対話』を出版。
七二	83	『図説・歴史の研究』（トインビー自身による主著の縮刷版）を出版。
一九七三	84	『コンスタンティン・ポルフィロゲニトゥスとその世界』を出版。
七四	85	『歴史と現代・未来』（G・R・アーバンとの対談集）を出版。
七五	86	『二十一世紀への対話』上・下（池田大作氏との対談集）、『日本の活路』を出版。十月二十二日、ヨーク市で死去。
七六		『人類と母なる大地』を出版。
八〇		『トインビー著書目録』、『トインビー選集』を出版。ヴェロニカ夫人死去。
八一		遺著『ギリシア人と彼らの遺産』を出版。

著作文献・参考文献

主著『歴史の研究』

縮刷版『歴史の研究』（Ⅰ～Ⅲ、原本一～六巻、サマヴェル版）蝋山政道・阿部行蔵訳　社会思想研究会出版部　一九五〇―五二

縮刷版『歴史の研究』（原本一～六巻、サマヴェル版）蝋山政道・阿部行蔵・長谷川松治訳　社会思想研究会出版部　一九五六

縮刷版『続・歴史の研究』（原本七～一〇巻、サマヴェル版）長谷川松治訳　社会思想研究会出版部　一九五八

（正続併せて　全五巻、長谷川松治訳　現代教養文庫　社会思想社　一九六三～六四、『トインビー著作集』一～三　社会思想社　一九六七）

縮小版『歴史の研究』（サマヴェル版の縮小、『世界の名著』61）長谷川松治訳　中央公論社　一九六七

完訳『歴史の研究』（全二五巻）下島連ほか訳「歴史の研究」刊行会、のち経済往来社　一九六六～七二

『図説・歴史の研究』（原本一～一二巻のトインビーによる縮刷版）桑原武夫ほか訳　学習研究社　一九七五

その他の著作

『試練に立つ文明』 深瀬基寛訳 社会思想研究会出版部 一九五二
(『トインビー著作集』五 社会思想社 一九六〇)
『世界と西欧』 吉田健一訳 社会思想研究会出版部 一九五三
(『トインビー著作集』六 社会思想社 一九六七)
『歴史の教訓』 松本重治編訳 岩波書店 一九五七
(『トインビー著作集』四 社会思想社 一九六〇)
『一歴史家の宗教観』 深瀬基寛訳 社会思想研究会出版部 一九五九
(『トインビー著作集』四 社会思想社 一九六〇)
『戦争と文明』 山本新・山口光朔訳 社会思想研究会出版部 一九五九
『東から西へ』 黒沢英二訳 毎日新聞社 一九五九
(長谷川松治訳『トインビー著作集』七 社会思想社 一九六七)
『現代宗教の課題』 山口光朔訳 日本YMCA出版部 一九六〇
『ヘレニズム』 秀村欣二・清水昭次訳 紀伊国屋書店 一九六一
『アジア高原の旅』 黒沢英二訳 毎日新聞社 一九六二
(『オクサスとジャナムのあいだ』 安田章一郎訳『トインビー著作集』七 社会思想社 一九六七)
『失われた自由の国』 黒沢英二訳 毎日新聞社 一九六三
(『アメリカと世界革命』 大橋健三郎訳 『トインビー著作集』六 社会思想社 一九六七)

『文明の実験』 黒沢英二訳 毎日新聞社 一九六三
（『現代西欧文明の実験』 増田英夫訳 『トインビー著作集』六 社会思想社 一九六七）
『現代人の疑問』 黒沢英二訳 毎日新聞社 一九六四
『西半球の経済』（『トインビー著作集』六） 増田英夫訳 社会思想社 一九六七
『ナイルとニジェールのあいだに』 氷川玲二訳 新潮社 一九六七
『交遊録』 長谷川松治訳 オックスフォード大学出版局 一九六八
『ハンニバルの遺産』（縮刷版） 秀村欣二・清水昭次訳 河出書房新社 一九六九
『現代が受けている挑戦』 吉田健一訳 新潮社 一九六九
（同、新潮文庫、二〇〇二）
『回想録』Ⅰ・Ⅱ 山口光朔・増田英夫訳 オックスフォード大学出版局 一九六九
『未来を生きる』 トインビー・若泉敬 毎日新聞社外信部訳 毎日新聞社 一九七一
（同、講談社文庫、一九七七）
『続・未来に生きる トインビーと〝あなた〟との対話』 毎日新聞社外信部訳 毎日新聞社 一九七一
『死について』 青柳晃一ほか訳 筑摩書房 一九七二
『日本の活路』 松岡紀雄編訳 PHP研究所 一九七五
『二十一世紀への対話』上・下 トインビー・池田大作 文藝春秋社 一九七五
（同、聖教ワイド文庫、二〇〇二・三）
『爆発する都市』 長谷川松治訳 社会思想社 一九七五

『歴史と現代・未来』　山口光朔訳　社会思想社　一九七六
『人類と母なる大地』　山口光朔・増田英夫訳　社会思想社　一九七八
『地球文明への視座』　秀村欣二・吉澤五郎編　経済往来社　一九八三

入門編

『トインビー　人と史観』　鈴木成高・山本新ほか　社会思想社　一九五九
（改訂増補版『トインビー　人と思想』　社会思想社　一九七五）
『トインビー入門』　山本新　経済往来社　一九七〇
『わかりやすいトインビー』　山本新　経済往来社　一九七六
『トインビーの宗教観』　山本新編　第三文明社　一九七四
『トインビーのアジア観』　山本新編　第三文明社　一九七五
『トインビーの歴史観』　山本新編　第三文明社　一九七六
『トインビーの中国観』　山本新・秀村欣二編　社会思想社　一九七八
『トインビー』　吉澤五郎　清水書院　一九八二
『新・人間革命』（第一六巻）　池田大作　聖教新聞社　二〇〇六
『旅の比較文明学――地中海巡礼の風光』　吉澤五郎　世界思想社　二〇〇七

研究書

『トインビー批判――その発展のために』　ソローキン・ガイル、ドーソン　山口光朔訳　社会思想研究会出版部　一九五九
『文明の構造と変動』　山本新　創文社　一九六一
『文明の生態史観』　梅棹忠夫　中央公論社　一九六七
（『梅棹忠夫著作集』第五巻所収　一九八九）
『トインビー研究』　マクニール　山本新ほか（『トインビー著作集・別』）社会思想社　一九六八
『トインビーと文明論の争点』　山本新　勁草書房　一九六九
『日本の将来 8 新しい歴史像』　増田四郎・堀米庸三編　潮出版社　一九六九
『トインビー』（人類の知的遺産74）　山本新　講談社　一九七八
『トインビー研究』　平田家就　経済往来社　一九七三
『比較文明の試み』　堤彪・吉澤五郎編　論創社　一九八二
『トインビーと宗教』　湯田豊　北樹出版　一九八四
『周辺文明論―欧化と土着』　山本新著　神川正彦・吉澤五郎編　刀水書房　一九八五
『比較文明論の誕生』　堤彪　刀水書房　一九八八
『二十世紀を読む――ヨーロッピズムの時代とその終焉』　小林道憲　泰流社　一九八九
『人間と文明のゆくえ――トインビー生誕一〇〇年記念論集』　秀村欣二監修　吉澤五郎・川窪啓資編　日本評論社　一九八九

『文明の転換と東アジア――トインビー生誕一〇〇年アジア国際フォーラム』　秀村欣二監修　吉澤五郎・川窪啓資編　藤原書店　一九九二
『比較文明と歴史哲学』　神山四郎　刀水書房　一九九五
『比較文明の方法――新しい知のパラダイムを求めて』　神川正彦　刀水書房　一九九五
『文明と環境５　文明の危機』　梅原猛・伊東俊太郎・安田喜憲編　朝倉書店　一九九六
『比較文明の社会学――新しい知の枠組』　米山俊直・吉澤五郎編　放送大学教育振興会　一九九七
『比較文明学を学ぶ人のために』　伊東俊太郎編　世界思想社　一九九七
『世界史の回廊――比較文明の視点』　吉澤五郎　世界思想社　一九九九
『比較文明における歴史と地域』　米山俊直・吉澤五郎編　朝倉書店　一九九九
『トインビーから比較文明へ』　川窪啓資　近代文芸社　二〇〇〇
『トインビー研究』（秀村欣二選集３）　秀村欣二　キリスト教図書出版社　二〇〇二
『文明間の対話に向けて――共生の比較文明学』　伊東俊太郎監修　吉澤五郎・染谷臣道編　世界思想社　二〇〇三
『共生と平和への道――報復の正義から赦しの正義へ』　聖心女子大学キリスト教文化研究所編　加藤信朗監修　春秋社　二〇〇五
『文明への視座』　東海大学文明研究所編　東海大学出版会　二〇〇六
『戦争を総合人間学から考える』　総合人間学会編　学文社　二〇一〇

関係誌

『現代とトインビー』(一〜九三号)　トインビー・市民の会編　一九六八〜九七

『二一世紀とトインビー』(一〜一四)　トインビー・地球市民の会(前記・改称)編　一九九七〜

文献目録(日本)

『トインビー文献目録(一)』(単行本・雑誌、『トインビーの宗教観』所収)吉澤五郎　第三文明社　一九七四

『トインビー文献目録(二)』(新聞、『トインビーの歴史観』所収)吉澤五郎　第三文明社　一九七六

「トインビー追悼」関係文献(日本)

新聞

「A・トインビー氏死去」(朝日新聞　一九七五・一〇・二三)

「歴史と文明に正しい見通し」谷川徹三「中国が世界の基軸に」山本新〈天声人語〉

「『東西文明融合の英知』逝く」(毎日新聞　一九七五・一〇・二三)

「追悼」永井道雄「博士の人類愛を語り継ぐ」池田大作「既存の歴史観を破る」若泉敬

「少しも気取らぬ大学者」天野亮一〈余韻〉

「永久に残る精神」（読売新聞　一九七五・一〇・二三）
「追悼」谷川徹三、池田大作、高品増之助〈よみうり寸評〉
「歴史学の巨星」（東京新聞　一九七五・一〇・二三）
「追悼」池田大作「日中の平和貢献を強調」永井道雄「完成の域に近づいた人」若泉敬
「すばらしい洞察力に敬服」高品増之助「トインビー博士を偲ぶ」秀村欣二
〈筆洗〉（一〇・二四、一〇・二五）
『東洋の心』高く評価」（日本経済新聞　一九七五・一〇・二三）
「追悼」池田大作、高品増之助、山本新〈春秋〉
「トインビー博士を偲ぶ」（サンケイ新聞　一九七五・一〇・二三）
「柔軟な思想をもつおだやかな紳士」吉川幸次郎「見舞えなくて残念だ……」若泉敬
「痛めつけられた者の立場に」山本新「東西文化融合の英知の人」池田大作
〈サンケイ抄〉（一〇・二四）
「中国文明を高く評価」谷川徹三（毎日新聞　一九七五・一〇・二四）
「トインビーの功績」山本新（中国新聞ほか　一九七五・一〇・二四）
「トインビー博士のこと」貝塚茂樹（朝日新聞　一九七五・一〇・二五）
「的確な予測　日本と対話の晩年」山本新（信濃毎日新聞　一九七五・一〇・二六）
「歴史家の仕事」河野健二（読売新聞　一九七五・一〇・二七）

「祖国を憂うる最後の評価」（朝日新聞　一九七五・一〇・二七）
「トインビー」林健太郎（サンケイ新聞　一九七五・一〇・二八）
「トインビーを偲ぶ」山本新（公明新聞　一九七五・一〇・三〇）
「トインビーの魅力」井出勝美（長崎新聞　一九七五・一一・四）
「トインビーを悼む」長谷川松治（週刊読書人　一九七五・一一・一〇）
「トインビーの文明観」木村隆一（聖教新聞　一九七五・一一・一四）
「トインビーの死を悼む」沼田政次（仏教タイムス　一九七五・一一・二五）
「トインビーの実像」木村尚三郎（日本経済新聞　一九七五・一二・五）

雑誌

「トインビー逝く」（対談）山本新・吉澤五郎（経済往来　一二月号所収　一九七五・一二・一）
「トインビーのアメリカ論をめぐって」吉澤五郎（聖心女子大学キリスト教文化研究所報　No.２所収
一九七五・一二・一）
「アーノルド・J・トインビー」（中央公論　一月号所収　一九七六・一・一）
「トインビーの歴史的宗教観」山本新（世界政経　一月号所収　一九七六・一・一）
「英国を憂えたトインビー」柴田進（経済往来　三月号所収　一九七六・三・一）
「トインビー追想」吉澤五郎（聖心女子大学キリスト教文化研究所紀要　４　一九七六・三）

吉澤五郎（よしざわ・ごろう）

1937年生まれ。1968年、早稲田大学大学院文学研究科特別研究課程修了。聖心女子大学キリスト教文化研究所室長、放送大学客員教授等を経て、現在、麗澤大学比較文明文化研究センター客員教授、比較文明学会名誉理事（元会長）、総合人間学会理事、トインビー・地球市民の会特別顧問（前代表）、京都創生百人委員会委員。専攻は比較文明学、西欧中世文化史、巡礼文明論。「20世紀最大の歴史家」A・トインビー研究の第一人者。

〔著書〕『トインビー』（清水書院）、『世界史の回廊―比較文明の視点』（世界思想社）、『旅の比較文明学――地中海巡礼の風光』（世界思想社）。

〔共編著〕『比較文明論の試み』（論創社）、『地球文明への視座――トインビー現代論集』（経済往来社）、『周辺文明論――欧化と土着』（山本新著、刀水書房）、『人間と文明のゆくえ――トインビー生誕100年記念論集』（日本評論社）、『文明の転換と東アジア――トインビー生誕100年アジア国際フォーラム』（藤原書店）、『比較文明の社会学――新しい知の枠組』（放送大学教育振興会）、『比較文明における歴史と地域』（朝倉書店）、『文明間の対話に向けて――共生の比較文明学』（世界思想社）。

〔共著〕『トインビーの中国観』（社会思想社）、『トインビーの宗教観』、『トインビーのアジア観』、『トインビーの歴史観』（以上、第三文明社）、『巡礼と文明』（春秋社）、『宗教と文明』（朝倉書店）、『共生と平和への道』（春秋社）、『文明への視座』（東海大学出版会）、『人間はどこにいくのか』（学文社）、『戦争を総合人間学から考える』（学文社）他。

トインビーとの対話《たいわ》
――現代への挑戦・希望の道　　レグルス文庫 271

2011年11月30日　初版第1刷発行

著　者　吉澤五郎《よしざわごろう》
発行者　大島光明
発行所　株式会社　第三文明社
東京都新宿区新宿1-23-5　郵便番号　160-0022
電話番号　03(5269)7145（営業）
03(5269)7154（編集）
URL　http://www.daisanbunmei.co.jp
振替口座　00150-3-117823
印刷所　明和印刷株式会社
製本所　大口製本印刷株式会社

ISBN978-4-476-01271-2

REGULUS LIBRARY

レグルス文庫について

レグルス文庫〈Regulus Library〉は、星の名前にちなんでいる。厳しい冬も終わりを告げ、春が訪れると、力づよい足どりで東の空を駆けのぼるような形で、獅子座〈Leo〉があらわれる。その中でひときわ明るく輝くのが、このα星のレグルスである。レグルスは、アラビア名で〝小さな王さま〟を意味する。一等星の少ない春の空、たったひとつ黄道上に位置する星である。決して深い理由があって、レグルス文庫と名づけたわけではない。ただ、この文庫に収蔵される一冊一冊の本が、人間精神に豊潤な英知を回復するための〝希望の星〟であってほしいという願いからである。

都会の夜空は、スモッグのために星もほとんど見ることができない。それは、現代文明に、希望の冴えた光が失われつつあることを象徴的に物語っているかのようだ。誤りなき航路を見定めるためには、現代人は星の光を見失ってはならない。だが、それは決して遠きかなたにあるのではない。人類の運命の星は、一人ひとりの心の中にあると信じたい。心の中のスモッグをとり払うことから、私達の作業は始められなければならない。

現代は、幾多の識者によって未曽有の転換期であることが指摘されている。しかし、その表現さえ、空虚な響きをもつ昨今である。むしろ、人類の生か死かを分かつ絶壁の上にあるといった切実感が、人々の心を支配している。この冷厳な現実には目を閉ざすべきではない。まず足元をしっかりと見定めよう。眼下にはニヒリズムの深淵が口をあけ、上には権力の壁が迫り、あたりが欲望の霧につつまれ目をおおうとも、正気をとり戻して、たしかな第一歩を踏み出さなくてはならない。レグルス文庫を世に問うゆえんもここにある。

一九七一年五月

第三文明社

レグルス文庫／既刊

ラーマーヤナ(上)(下)	河田清史
女性抄	池田大作
大智度論の物語(一)(二)	三枝充悳
大智度論の物語(三)	渡辺章悟
法華経現代語訳(上)(中)(下)	三枝充悳
仏法と医学	川田洋一
仏教史入門	塚本啓祥
唯識思想入門	横山紘一
科学・哲学・信仰	村上陽一郎
タゴールの生涯(上)(下)	K・クリパラーニ 森本達雄訳
中国思想史(上)(下)	森三樹三郎
ユングの生涯	河合隼雄
牧口常三郎	熊谷一乗
価値論	牧口常三郎
釈尊の譬喩と説話	田上太秀
ガンディーの生涯(上)(下)	K・クリパラーニ 森本達雄訳
ジャータカ物語(上)(下)	津田直子
中論(上)(中)(下)	三枝充悳
フロイトとユング	小此木啓吾 河合隼雄
詩集 草の葉	W・ホイットマン 富田砕花名訳
若き日の読書	池田大作
精神のエネルギー	ベルクソン 宇波彰訳
内なる世界——インドと日本	カラン・シン 池田大作
一念三千とは何か	菅野博史
深層心理の世界	織田尚生
法華経の七つの譬喩	菅野博史
牧口常三郎と新渡戸稲造	石上玄一郎
ギタンジャリ	R・タゴール 森本達雄訳
初期仏教の思想(上)(中)(下)	三枝充悳
法華玄義(上)(中)(下)	菅野博史訳註

レグルス文庫／既刊

創価教育学入門	熊谷一乗
ガンディーとタゴール	森本達雄
自我と無意識	C・G・ユング 松代洋一・渡辺学訳
仏教と精神分析	三枝充悳 岸田秀
創価教育学大系概論	牧口常三郎 古川敦注解説
戸田城聖伝	西野辰吉
外国文学の愉しみ	辻邦生
ヒューマニズムとは何か	石神豊
人間ブッダ	田上太秀
思考と運動(上)(下)	ベルクソン 宇波彰訳
21世紀文明と大乗仏教	池田大作
わが非暴力の闘い	ガンディー 森本達雄訳
非暴力の精神と対話	ガンディー 森本達雄訳
国家主義と闘った牧口常三郎	村尾行一
よくわかる日本国憲法	竹内重年
周恩来——人民の宰相	高橋強 川崎高志
信教の自由と政治参加	竹内重年
精神医学の歴史	小俣和一郎
法華文句(I)(II)(III)(IV)	菅野博史訳註
食事崩壊と心の病	大沢博
生活に生きる故事・説話(全二冊)	若江賢三 小林正博
生命文明の世紀へ	安田喜憲
ナポレオン入門	高村忠成
「人間主義」の限りなき地平	池田大作
調和と生命尊厳の社会へ	石神豊
ドストエフスキイと日本人(上)(下)	松本健一
魯迅——その文学と闘い	檜山久雄
日本仏教の歩み	小林正博
現代に生きる法華経	菅野博史
教育の世紀へ	池田大作